本研究成果获得湖南工业大学出版基金资助

出口持续时间、出口地理广化与出口产品广化研究

——基于中国的理论与实证

CHUKOU CHIXU SHIJIAN
CHUKOU DILI GUANGHUA
YU CHUKOU CHANPIN GUANGHUA YANJIU
——JIYU ZHONGGUO DE LILUN YU SHIZHENG

林常青／著

中国财经出版传媒集团

经济科学出版社
Economic Science Press

图书在版编目（CIP）数据

出口持续时间、出口地理广化与出口产品广化研究：基于中国的理论与实证/林常青著. —北京：经济科学出版社，2017.11

ISBN 978-7-5141-8765-6

Ⅰ.①出… Ⅱ.①林… Ⅲ.①出口贸易-研究-中国 Ⅳ.①F752.62

中国版本图书馆 CIP 数据核字（2017）第 300191 号

责任编辑：王柳松
责任校对：隗立娜
责任印制：邱　天

出口持续时间、出口地理广化与出口产品广化研究
——基于中国的理论与实证
林常青　著

经济科学出版社出版、发行　新华书店经销

社址：北京市海淀区阜成路甲 28 号　邮编：100142

总编部电话：010-88191217　发行部电话：010-88191522

网址：www.esp.com.cn

电子邮件：eps@esp.com.cn

天猫网店：经济科学出版社旗舰店

网址：http://jjkxcbs.tmall.com

固安华明印业有限公司印装

710×1000　16 开　13.5 印张　240000 字

2017 年 11 月第 1 版　2017 年 11 月第 1 次印刷

ISBN 978-7-5141-8765-6　定价：39.00 元

本研究成果为以下课题的阶段性研究成果。

（1）湖南省教育科学"十三五"规划 2016 年度立项课题《切块拼接法在教学研究型高校青年教师科研能力培养中的应用研究》（XJK016QGD005）

（2）2017 年湖南省社会科学成果评审委员会课题《我国企业对"一带一路"国家直接投资的就业效应及对湖南省的启示研究（XSP17YBZZ031）

（3）2017 年湖南省教育厅科研一般项目"基于行业异质性的我国 OFDI 逆向技术溢出效应及对湖南省的启示研究"（17C0506）

前言

PREFACE

>   >   >   >   >   >

    自 2001 年加入世界贸易组织（WTO）以来，中国以低附加值的劳动密集型产品的生产出口优势以及出口导向型政策的驱动使中国出口贸易额逐年攀升，这表明对外开放已经成为中国加快经济发展以及综合国力提升的重要支撑。另外，中国已形成过度依赖出口的经济发展模式，这种"超常规"的过度依赖外部市场的发展特征表明中国经济体极易受到外部市场的影响，2009年美国"次贷危机"以及 2011 年遭遇的欧洲国家主权债务危机的发生都印证了中国经济的脆弱性。中国出口正面临内生比较优势尚未成熟而外生比较优势日益衰竭的两难境地，因此，中国经济在短期内依然要依赖出口。在"十二五"规划中，已将"稳出口、扩进口、减顺差、调结构"确定为中国外贸发展的总体规划，说明现阶段实现中国出口贸易平稳增长是中国贸易政策的主要目标。

    作为微观层面企业或产品出口动态的一个测量工具，近年来，贸易关系的持续时间越来越受到国内外诸多学者的关注。大量经验分析显示，中国微观产品具有在出口市场上频繁的进入和退出的动态特征。因此，促进中国出口持续时间的延长是实现中国出口贸易平稳增长的重要渠道。同时，值得注意的是，中国出口长期依赖欧盟、美国、日本等市场，而出口产品又长期依赖于少数初级产品和劳动密集型产品。无论是出口市场集中还是出口产品结构单一，都不利于中国出口贸易的平稳增长，出口的地理广化以及出口的产品广化问题已经刻不容缓。

本书的研究思路，首先，采用生存分析方法对中国出口持续时间的分布特征进行描述，从宏观角度和微观角度对出口结构进行分析，其次，采用离散时间模型对中国出口持续时间的影响因素进行研究，并对出口产品种类和出口市场数量对中国出口持续时间的影响进行画图法分析。再次，采用二项选值模型对出口持续时间对于中国出口地理广化和出口产品广化的影响进行研究。最后，针对出口持续时间和出口地理广化以及出口产品广化之间关系的研究结论提出政策和建议。

第一章，导论。首先，先介绍了本书选题的研究背景；其次阐述选题的意义，包括理论意义和现实意义；再次，对本书的研究思路和研究内容、研究方法进行了梳理；最后，介绍了本书的主要创新点及不足。

第二章，文献综述。对本书研究主题相关的贸易持续时间的研究文献以及出口经验对出口广化影响的研究文献进行了详尽梳理和综述。

第三章，相关理论基础。在相关研究文献的基础之上，主要对本书实证研究的相关理论框架进行阐述和分析。本章包括贸易持续时间的相关理论基础、出口经验对出口广化影响的相关理论基础以及出口经验对出口广化影响的机理分析。通过对这些理论模型进行详尽分析，为在实证研究中构建计量模型提供理论基础。

第四章，中国出口持续时间的分布特征。采用生存分析法对中国出口持续时间的总体特征以及分类特征进行了详细描述。

第五章，中国出口贸易的结构特征。从宏观层面对中国出口贸易的总体情况和结构特征进行了描述，并从微观层面对中国出口贸易的增长结构特征进行了描述性统计。

第六章，中国出口持续时间的影响因素。通过离散时间模型对中国出口持续时间的影响因素进行了经验分析，之后，对测量出口地理广化程度和出口产品广化程度的出口市场数量以及出口产品种类变量对出口危险率的影响进行了画图法分析，并通过调整一年间隔持续时间段的随机效应模型以及绘图法进行了稳健性检验。

第七章，中国出口持续时间对出口地理广化的影响研究。首先，在出口地理广化下对中国出口贸易关系中实现的贸易关系与未实现的贸易关系的特征事实进行描述；其次，对测量出口经验的平均出口持续时间按照四种加权标准进行了计算；最后，建立了二项选值模型 logit 模型和 Probit 模型对不同标准加权的平均出口持续时间变量对于出口地理广化带来的影响效应以及出口地理广化的路径依赖进行考察。

第八章，中国出口持续时间对出口产品广化的影响研究。本章对出口产品广化下中国出口贸易关系的特征事实进行了描述，之后，计算了产品邻近度与在产品邻近度以及贸易额标准下加权计算得到了平均出口持续时间变量。最后，构建二项选值模型 logit 模型和 Probit 模型对不同标准加权的平均出口持续时间变量对于出口产品广化带来的影响及出口产品广化的路径依赖进行验证。

第九章，结论与政策建议。在前文理论与实证分析的基础之上，总结了本书的主要结论，为实现中国出口贸易平稳增长的目标提出相关的对策建议。

在以上研究的基础上，得到了如下结论。

第一，在采用生存分析法对中国出口持续时间的分布特征进行估计之后，发现中国出口贸易关系持续时间非常短暂。在 11 个分类基础上的持续时间特征差异较大。出口目的国 GDP、出口目的国人均 GDP、初始贸易额、出口国家数量、出口产品种类分类下的产品持续时间分布特征基本类似，持续时间都随指标值的增加而延长。而两国之间的地理距离、营商便利指数排名、出口目的国的汇率变动率水平分类下的分布特征恰好相反，持续时间都随指标值的增加而缩短。另外，共同语言、东盟成员国、差异化产品为虚拟变量指标，两国之间使用共同语言、目的国为东盟成员国以及出口产品为差异化产品的分类之下其持续时间更长。

第二，在中国出口贸易的宏观结构中，中国出口的国别结构和产品结构特征都表现为过于集中，近年来虽有改善，但比重仍然失调。从微观层面的出口增长结构特征可知，中国的出口增长结构呈现出口深化比重过高，出口广化比重不足的总体特征，在出口广化结构内部又体现了出口产品广化对出口增长的贡献远不如出口地理广化的特点。

第三，构建离散时间模型对中国出口持续时间的影响因素进行经验研究后得到以下结论，出口目的国GDP变量、初始贸易额变量、同一产品出口国数量、两国之间使用共同语言、出口目的国为东盟成员国以及出口产品为差异化产品的虚拟变量对中国出口持续时间的影响为正。而出口目的国的人均GDP、两国之间的地理距离、出口目的国的营商便利指数排名、同一目的国出口产品种类、汇率变动率5个变量，对中国出口持续时间的影响为负。

第四，代表出口地理广化程度的同一产品出口国数量变量的增加将降低产品的出口危险率，代表出口产品广化程度的同一目的国出口产品种类变量的增加反而提高产品的出口危险率，但从变量对产品出口平均危险率的影响程度来看，同一产品出口国数量变量对出口危险率的影响更大。

第五，平均出口持续时间对于潜在贸易关系实现的概率存在正向影响，即平均出口持续时间越长，越能促进潜在贸易关系的实现。贸易额加权、地理距离加权和人均GDP加权以及文化邻近性加权的平均出口持续时间均能促进出口地理广化的实现。其中，尤以地理距离加权的平均出口持续时间对出口地理广化的促进作用最明显，这说明地理邻近国家的出口经验更为重要，同时，又说明出口的地理广化存在明显的路径依赖，即相对于与老市场地理距离较远的新市场而言，老产品的地理广化更倾向于与老出口市场地理邻近的新出口市场进行。另外，老产品的平均出口持续时间与新市场的进入概率之间整体呈现倒"U"形的关系。

　　第六，出口目的国的 GDP 变量，两国之间使用共同语言的虚拟变量、出口目的国为东盟成员国的虚拟变量以及出口产品为中间产品的虚拟变量的符号都为正，意味着对产品开拓新市场存在正向的影响作用，而出口目的国的人均 GDP 变量、两国之间的地理距离变量、营商便利指数排名变量以及目的国汇率波动变量的符号为负，将会阻碍出口地理广化的实现。

　　第七，出口产品广化也存在明显的路径依赖，即相对于与老产品邻近度较大的新产品而言，向同一目的国市场的扩张更倾向于与老产品邻近度较小的新产品进行。其平方项的系数优势比均小于 1，意味着平均出口持续时间与新产品扩张的概率之间整体上也呈现倒 "U" 形的关系。其他变量对出口产品广化的影响方向与对出口地理广化的影响类似，这些变量的影响与预期基本一致。

林常青

2017 年 9 月

目　录

CONTENTS

>   >   >   >   >   >

第一章 导 论

第一节 选题背景和意义

一、选题背景

自 2001 年加入 WTO 以来，中国以低附加值的劳动密集型产品的生产出口优势以及出口导向型政策的驱动，使中国出口贸易额逐年攀升。从中华人民共和国商务部网站获悉，中国加入世界贸易组织的 11 年中，对外进出口贸易年平均增长率达到 20.2%，① 对外开放已成为中国经济增长加快和综合实力提升的重要支撑。另外，中国已形成过度依赖出口的经济发展模式，2008 年中国出口依存度约为 32.5%，与世界上一些成熟经济体相比，这一比例要高出许多。2007 年，日本出口依存度仅约为 15.6%。② 这种"超常规"的过度依赖外部市场的发展特征表明，中国经济极易受到外部市场的影响，2009 年，由美国"次贷危机"引发的国际金融危机使中国经济遭遇到前所未有的困难——外需明显减少，出口严重受挫。数据显示，2009 年中国出口总值下降 16.13%，2011 年又遭遇了欧洲国家的主权债务危机，使前几年依赖大量出口实现经济超常规增长的外部条件不复存在，使中国经济更加雪上加霜。但是，在短时间内迅速提升国内需求规

---

① 数据来源于商务部："入世" 11 年中国进出口贸易年均增长 20.2% （全文）. http://news. 163. com/13/0408/19/8RVC1HCM00014JB6_ all. html。

② 数据来源于中国过度依赖出口发展模式难以为继亟待调整. http://jjckb. xinhuanet. com/gnyw/2009 - 03/04/content_ 146915. htm。

模又不现实，陈勇兵等（2014）指出，中国出口正面临内生比较优势尚未成熟而外生比较优势又日益衰竭的两难境地，因此，中国经济在短期内依然要依赖出口。在国家"十二五"规划中，已将"稳出口、扩进口、减顺差、调结构"确定为中国外贸发展的总体规划，说明"十二五"时期实现中国出口贸易平稳增长是中国贸易政策的主要目标。

中国出口贸易的增长动态需要从微观层面进行细微审视，贸易关系的持续时间近年来受到了国内外许多学者的关注，它被作为微观层面企业或产品出口动态的一个测量工具。大量关于持续时间的研究文献表明，许多国家微观层面的企业或产品的持续时间都非常短暂，如邵军（2011）利用中国1995～2007年HS－6分位的产品层面数据得到了如下研究结论。中国出口贸易持续时间较短，持续时间的平均值和中位值分别为2.84年和2年，全部产品中约60%的产品出口一年之后就失败了。这说明，中国微观产品在出口市场上频繁进入和退出的动态特征。因此，促进中国出口持续时间的延长，是实现中国出口贸易平稳增长的重要渠道。

同时，值得注意的是，中国出口长期依赖欧盟、美国、日本等市场，而出口产品又长期依赖于少数初级产品和劳动密集型产品。例如，2015年，中国对美国出口的贸易总额达到4 092.14亿美元，占中国2015年出口总额的比重达到18%，同比增长3.4%。2015年，中国对欧盟、美国、日本市场的出口比重占到40.2%，出口市场的集中往往会导致贸易条件恶化、收入不稳定，同时，还可能出现贫困化增长现象。因此，近年来为了防止以上现象的发生，20世纪90年代以来，中国实施了出口市场多元化策略，20多年来成效明显，出口产品对新兴市场依赖程度提高，而对发达经济体的依赖程度显著降低。据海关统计数据显示，2015年，中国对美国、日本和欧盟出口占中国出口总值的比重分别为18.0%、6.0%和15.7%。相比2002年而言，除了欧盟所占比重提升0.6%之外，美国和日本所占比重大幅回落3.6%和8.9%。我国对非洲、拉丁美洲和东盟出口占中国出口总值的比重由2002年的2.1%、2.9%和7.2%分别上升至2015年的4.8%、5.8%和12.2%，但对欧盟、美国、日本等发达经济体市场的出口比重仍占半数左右。①

---

① 数据来源于2015年12月进出口商品主要国别（地区）总值表. http：//www. customs. gov. cn/customs/302249/302274/302275/303715/index. html。

魏浩指出，出口产品长期依赖于少数初级产品和劳动密集型产品，长此以往地遵循比较优势原则来发展对外贸易，容易导致出口陷入"比较优势陷阱"，① 另外，当前全球的消费者对商品的偏好越来越多样化，出口产品单一不利于需求的刺激和增长，最后，少数产品在单纯出口量上的增加也如单一出口市场上量的增加一样将带来贸易条件的恶化。根据《中国统计年鉴》的数据整理得到，近些年来中国主要出口产品中最大的两类为轻纺产品、橡胶制品、矿冶产品及其制品类和机械及运输设备类。2000年，这两类产品的出口额占到 2000 年出口总额的 50.2%，2008 年，该比重上升到 65.4%，出口产品单一带来的"比较优势陷阱"等问题越来越受到关注和重视。2015 年，两大类产品出口总额的比重略有下降，但仍然占到出口总额的 63.8%，几乎占到总体的 2/3。

因此，无论是出口市场集中还是出口产品结构单一，都不利于中国出口贸易的平稳增长，出口的地理广化问题以及出口的产品广化问题已经刻不容缓。

二、选题意义

（一）理论意义

21 世纪之前的国际贸易理论，大致可以分为传统贸易理论和新贸易理论两个阶段。但是，传统贸易理论和新贸易理论都做了企业同质性的假设，其贸易研究的角度都是产业层面，并未涉及微观的企业层面或产品层面。许多学者自 20 世纪 90 年代以来通过大量的实证分析发现，并非一国具有比较优势，或者规模经济的产业中所有企业都选择对外贸易，对外贸易只是一种相对稀少的企业行为，企业具有显著的异质性，只有生产率水平高于贸易成本的企业才会选择出口。因此，以异质性企业假定为基础从微观企业层面来解释国际贸易的新新贸易理论应运而生，新新贸易理论也将贸易研究的角度从产业层面引入微观的企业层面。根据企业异质性贸易

---

① 所谓比较优势陷阱是指，一国（尤其是发展中国家）完全按照比较优势，生产并出口初级产品和劳动密集型产品，则在与以技术和资本密集型产品出口为主的经济发达国家的国际贸易中，虽然能获得利益，但贸易结构不稳定，总是处于不利地位，从而陷入了比较优势陷阱。

理论，一国的贸易增长可以沿出口广化和出口深化实现。出口广化主要表现为出口市场的开拓和出口产品种类的扩张，而出口深化主要是现有出口产品在数量上的增长。因此，要促进一国出口贸易的平稳发展，可以从出口广化和出口深化两个角度进行推动。① 如果一国出口增长主要来源于出口深化，那么，该国极易受到外部市场冲击从而导致出口增长波动并进一步引发收入不稳定，单一量上的扩张又会造成贸易条件恶化甚至有可能出现贫困化增长现象。但是，如果一国出口增长主要源于出口广化，那么，种类上的增加除了刺激消费者的需求增长之外，还不会出现出口价格下降带来的贸易条件恶化（Hummels，Klenow，2005）。从出口广化的角度促进贸易发展的政策就是如何推动出口地理广化和出口产品广化，即降低出口市场集中度和出口产品集中度。但这些措施能否真正实现更为平稳的增长？这就涉及另外一个非常关键的维度——贸易关系的持续时间，这个问题也引起了许多学者的关注。就出口而言，出口广化意味着出口产品种类的增加以及出口市场多元化，但如果每种产品在出口市场的持续时间非常短，频繁进入与退出，很难想象促进出口地理广化和出口产品广化的措施能真正保障出口的平稳增长。

一国的出口增长除了沿着出口深化和出口广化实现以外，生存时间也是其重要的维度之一（陈勇兵等，2014）。贸易持续时间，即某一产品或企业参与贸易的连续时间。贸易关系的持续时间，是近年来一个新兴且越来越受重视的国际贸易研究议题。比瑟德和普鲁萨（Besedeš，Prusa，2006a）、比瑟德（Besedeš，2008）、尼奇（Nitsch，2009）等均从产品层面对一国进口贸易的持续时间进行了经验研究，研究发现大部分贸易关系非常频繁地进入市场或退出市场，导致了大部分贸易关系的持续时间都非常短暂，例如，比瑟德和普鲁萨（Besedeš，Prusa，2006b）发现，在美国的进口贸易中超过50%的贸易关系仅仅生存一年，而接近80%的贸易关系的生存时间少于5年，进口贸易产品的中位生存时间仅为2~4年。

已有的贸易理论并不能恰当地解释该现象的存在，甚至与其相悖。例如，传统贸易理论中的比较优势理论以及要素禀赋理论，根据这两种理

---

① 国内对 "extensive margin" 和 "intensive margin" 的翻译并不统一，有学者直译为扩展边际和集约边际，也有学者称之为产品广度和产品深度，本书参考黄先海和周俊子（2011）的翻译，统一为 "出口广化" 和 "出口深化"。

论，贸易是基于一国劳动生产率的比较优势或两国要素禀赋的比较优势而发生的，无论是劳动生产率的比较优势还是要素禀赋的比较优势的改变都是渐进的，因而贸易方向的转变也是缓慢的，并不会在如此短暂的三五年之内完全发生改变。现代贸易理论中的克鲁格曼（Krugaman，1985）规模经济理论解释了贸易发生的原因是随着生产规模的扩大，单位产品成本发生了递减从而取得成本优势，最终导致专业化生产并出口该产品。这种规模经济带来的成本优势并不会在短时间内消失，更不会出现成本优势消失之后又出现的现象。一个贸易关系在现实贸易中存在多个持续时间段的现象，规模经济理论很难做出解释。弗农（Vernon，1966）的产品生命周期理论解释了贸易模式动态变化的现象。该理论指出，国际贸易的产品流动方向由其所处的生命周期阶段以及不同国家的比较优势决定，该理论将国际贸易理论与产品生命周期结合起来，使静态比较优势理论发展为动态比较优势理论，但这个生命周期每个阶段的转变也是缓慢的，也不能解释现今贸易关系如此丰富频繁的动态性。21 世纪国际贸易理论的最新进展为新新贸易理论的出现，该理论从企业层面出发研究了一国贸易增长的源泉来自于出口广化和出口深化，但并未对贸易关系持续期短暂的现象做出解释和说明。因此，本书对贸易关系持续时间的研究，将能填补传统贸易理论、新贸易理论以及新新贸易理论的空缺。

（二）现实意义

从微观层面降低出口贸易危险率，即延长出口贸易持续时间则是保持出口平稳增长的重要举措（邵军，2011；陈勇兵等，2012；林常青，张相文，2014）。出口贸易持续时间的研究，一方面，能从现实的角度解释出口贸易关系短暂的现象；另一方面，还能指导中国的贸易政策调整及企业的贸易实践。

出口深化指旧产品到旧目标国的出口；出口广化包括出口产品广化和出口地理广化。其中，广义的地理广化包括新产品到新目标国和旧产品到新目标国的出口；出口产品广化包括新产品到旧目标国和新产品到新目标国的出口（黄先海，周俊子，2011）。黄先海和周俊子（2011）关于2000～2009 年中国出口广化结构的整理统计结果得到如下结论，2000 年出口广化占总出口的比重仅为 3.02%，2009 年比重虽然有所上升为

13.56%，但仍处于比较低的水平，主要的出口额仍然由出口深化所产生。① 这说明出口广化对中国经济出口增长的贡献捉襟见肘，出口持续时间是衡量出口经验的重要尺度，出口持续时间可以通过影响出口固定成本和出口可变成本从而有可能促进出口的地理广化和出口的产品广化。因此，从出口持续时间的角度研究其对出口地理广化和出口产品广化的影响，具有非常重要的现实意义。

第二节　研究内容和方法

一、研究思路和主要内容

（一）本书的基本思路和主要内容

本书的研究思路：①通过梳理并总结前人对本主题的研究成果，从而厘清本书的研究目标及边际贡献。并通过理论分析为贸易持续时间现象以及对出口地理广化和出口产品广化的影响提供相关理论基础。②采用生存分析方法对中国出口持续时间的分布特征进行描述。从宏观和微观角度对出口结构进行描述。③采用离散时间模型对中国出口持续时间的影响因素进行研究，并对出口产品种类和出口市场数量对中国出口持续时间的影响进行画图法分析。④采用二项选值模型对出口持续时间对中国出口地理广化和出口产品广化的影响及路径依赖进行研究。⑤就出口持续时间和出口地理广化以及出口产品广化之间关系的研究结论提出政策和建议。

第一章，导论。首先，介绍了本书选题的研究背景；其次，阐述选题的意义，包括理论意义和现实意义；再其次，对本书的研究内容、研究思路以及研究方法进行了梳理；最后，总结概括了本书的主要创新点及不足。

第二章，文献综述。对本书研究主题相关的贸易持续时间研究文献以及出口学习效应研究文献进行了详尽梳理和综述。

---

① 黄先海和周俊子（2011）指出，地理广化和产品广化有个公共部分，即新产品到新目标国的出口。为了便于比较不同的多样化模式，该文将新产品到新目标国的出口完全划入产品广化范畴，定义旧产品到新目标国的出口为狭义的地理广化。

第三章，相关理论基础。本章在文献述评的基础上，主要对本书进行实证研究的相关理论框架进行阐述和分析。本章包括贸易持续时间的相关理论基础、出口学习效应的相关理论基础以及出口经验对出口广化影响的机理分析。首先，分别通过梅里兹（Melitz，2003）的异质贸易理论以及劳奇和沃森（Rauch，Watson，2003）的搜寻成本模型为贸易持续时间短暂的问题提供了微观分析框架以及理论解释，从而为第六章的中国出口贸易持续时间影响因素的实证分析变量选取奠定了基础。其次，通过阿罗（Arrow，1962）"干中学"模型、罗默（Romer，1986）的竞争性均衡长期增长模型以及斯彭斯（Spence，1981）学习曲线为第七章、第八章出口持续时间对出口广化影响的实证分析提供了理论基础。出口经验对出口广化影响的机理分析，主要通过对固定出口成本与可变出口成本两条途径来实现。通过对这些理论模型进行详尽分析，为在实证研究中构建计量模型提供理论基础。

第四章，中国出口持续时间的分布特征。首先，介绍了数据来源及处理说明；其次，采用生存分析法对中国出口持续时间的总体特征进行了描述；最后，从国家层面标准选择了 7 个分类标准、从产品层面标准选择了 4 个分类标准，对 11 个分类标准下中国出口持续时间的特征事实依次进行了详细阐述。

第五章，中国出口贸易的结构特征。本章从宏观层面对中国出口贸易的总体情况和结构特征进行了描述，并从微观层面对中国出口贸易的增长结构特征进行了描述性统计。

第六章，中国出口持续时间的影响因素。首先，对离散时间模型进行构建；其次，在第四章分类特征的基础上以及以往关于贸易持续时间的研究文献基础上，选取了对中国出口持续时间产生影响的变量；再其次，通过离散时间模型对中国出口持续时间的影响因素进行了经验分析；最后，对测量出口地理广化程度和出口产品广化程度的出口市场数量以及出口产品种类变量对出口危险率的影响进行了画图法分析，并通过调整一年间隔持续时间段的随机效应模型以及绘图法进行了稳健性检验。

第七章，中国出口持续时间对出口地理广化的影响研究。首先，在出口地理广化下对中国出口贸易关系中实现的贸易关系与未实现的贸易关系的特征事实进行描述；其次，对测量出口经验的平均出口持续时间按照四种加权标准进行了计算；最后，建立了二项选值模型 logit 模型和 probit 模型对不同标准加权的平均出口持续时间变量对出口地理广化带来的影响以及出口地理广化的路径依赖进行考察。

第八章，中国出口持续时间对出口产品广化的影响研究。本章也对中国出口贸易关系的特征事实进行了描述，但与第七章不同的是，本章首先，对出口产品广化中的中国出口贸易关系的特征事实进行说明。其次，计算了产品邻近度以及在产品邻近度以及贸易额标准下加权计算得到平均出口持续时间变量。最后，构建二项选值模型 logit 模型和 probit 模型，对不同标准加权的平均出口持续时间变量对于出口产品广化带来的影响及出口产品广化的路径依赖进行验证。

第九章，结论与政策建议。本章在前文理论与实证分析的基础之上，总结了本书的主要结论，为实现中国出口贸易平稳增长的目标提出相关的对策建议。本书的主体结构如下。

（二）本书研究的技术路径图

图 1－1 为本书研究的技术路径图。

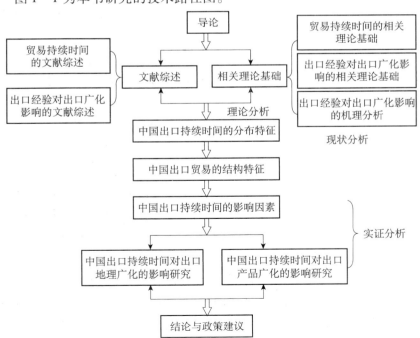

图 1－1　本书研究的技术路径

二、研究方法

本书研究的是中国出口持续时间与出口地理广化和出口产品广化之间的关系，具体来说，主要包括以下几种方法的交互使用：

第一，调查研究法和文献研究法相结合。通过查阅和整理国内外相关研究文献充分全面地了解贸易持续时间的研究现状，并通过调查研究各种引力、贸易数据库来掌握理论知识和实证所需的统计数据，进而为理论分析和经验研究打下基础。

第二，理论研究法和经验研究法相结合。通过第三章的理论研究为第六章、第七章、第八章的经验研究中计量模型的构建提供了相关理论基础。经验研究法利用中国数据考察了与搜寻成本相关的各因素对出口持续时间的影响，同时，也验证了代表出口经验的平均出口持续时间对出口地理广化和出口产品广化的促进作用和出口广化的路径依赖，从而证明了出口学习效应的存在。

第三，定性研究与定量研究相结合。定性研究侧重于文字说明，是从事物的本质属性上来认识和把握事物；而定量分析则侧重于运用计量模型和数据来说明事物的特点，是从事物的规模上来认识和掌握事物。本书在第二章文献综述和第三章相关理论基础采用了定性分析，在定性分析的基础上，结合定量分析方法来研究代表出口广化程度的出口市场数量和出口产品种类变量对出口持续时间的影响，也验证了代表出口经验的出口持续时间对出口广化的影响和出口广化的路径依赖。

第三节　主要创新点与不足

一、本书主要创新点

本书的主要创新点有以下四点：

第一，在经验分析中，采用拟合危险函数及置信区间的画图方法来确定各变量影响的显著性。赫斯和皮尔森（Hess，Persson，2011）提出的离散时间模型进行影响因素分析，虽然离散时间的随机效应模型既不需要满足比例危险的假定，也能较好地处理不可观测的异质性，但是，离散时间模型的最大弊端在于其在变量估计系数的解释方面不够直接，每个变量的效应不仅取决于自身估计系数的大小，还取决于时间变量。因此，即使某个变量的系数在统计上是显著的，其对危险率的影响效应也有可能是不显著的，这主要是因为变量的影响显著性与否既取决于其自身标准差的显著性，也取决于模型中其他每个变量标准差的显著性。本书为了避免离散时间模型在解释系数显著性上的弊端，参考了比瑟德（Besedeš，2013）中提出的拟合危险函数及置信区间的画图方法来确定各变量影响的显著性，从而实现了研究方法的创新。

第二，在贸易持续时间影响因素的研究文献中，较少关注出口经验因素对出口持续时间的影响，但从贸易成本的角度考虑，出口经验将有助于降低企业或产品的贸易成本。因此，添加测量出口广化程度的出口市场数量和出口产品种类变量①到对出口持续时间的影响研究之中，是本书研究内容的第一个创新。

第三，关于出口学习效应的研究文献大部分仅关注出口企业的出口经验对其企业自身生产率的作用及影响，但较少关注出口经验对企业出口地理广化和出口产品广化的影响。这是本书研究内容的第二个创新。

第四，在国内外研究出口经验对企业出口地理广化和出口产品广化影响的研究文献中，大多采用累积出口额度以及出口产品种类数等来测量出口经验，贸易持续时间是指贸易关系持续存在的时间，是出口经验衡量的重要维度，因此，本书参考拉赫曼（Rakhman，2010）对出口经验的测量方法，采用平均出口持续时间进行测量，这是本书研究内容的第三个创新。

二、本书不足之处

第一，鲍德温（Baldwin，2006）曾指出，6位数的产品分类不足以捕捉产品种类的变化，这意味着，可能低估一些新出现的贸易品种类，因为

---

① 文中多处提到的出口市场数量和出口产品种类，指同一产品当年出口目的国市场的数量和同一目的国市场当年出口的产品种类。

它们可能在8位数或10位数中已经发生了贸易，但在6位数分类下无法反映出来。但目前来说，比HS-6位数更为细化的产品分类数据的获取还存在难度，因此，这成了本书经验分析中的不足。同时，需要注意的是，产品出口的主体是相互独立的企业，相比产品之间出口经验的溢出效应来说，企业自身出口经验的溢出效应将更为显著，因此，如果能获得企业层面的出口数据，对出口地理广化和出口产品广化的研究将更有意义。

第二，本书缺少考察出口持续时间对出口广化中新产品进入新市场的影响，因为所使用的测量出口经验的出口持续时间变量无法衡量新产品进入新市场的平均出口持续时间。既是新产品又是新市场，那么，意味着之前的出口持续时间为0，本书的出口地理广化仅指老产品进入新市场。第八章的出口产品广化仅指新产品进入老市场，因而缺乏验证出口持续时间对新产品进入新市场的影响，这也是本书的不足之处。

第三，本书在衡量出口经验时采用了出口持续时间，而以往的文献大多采用累积出口额度以及出口产品种类数等指标，在未来的研究方向中可以尝试找到一种更为科学合理的测算出口经验的方式。例如，将出口持续时间的维度和累积出口额度指标均能考虑到的测算指标。

第四，由于贸易持续时间的概念，在比瑟德和普鲁萨（Besedeš，Prusa，2006a）中被提出，贸易持续时间短暂的现象才引起学者们的关注，因此，相关的理论基础还不健全，仅有劳奇和沃森（Rauch，Watson，2003）从搜寻成本角度对贸易持续时间短暂的现象做了系统的理论分析，对贸易持续时间现象的理论研究也是未来的研究方向。

第二章 文献综述

第一节 贸易持续时间的文献综述

贸易持续时间的研究最早由比瑟德和普鲁萨（Besedeš，Prusa，2006a）开创，他们最早通过引入生存分析法来研究美国进口贸易关系的持续时间。随后，涌现出了大批经济学者开始了对各国进出口贸易关系的持续时间及影响因素的研究。通过对以往文献的梳理和总结，国内外关于贸易持续时间的研究文献的研究角度，大体分为贸易持续时间的特征事实、贸易持续时间的研究方法以及贸易持续时间的影响因素三个方面。

一、贸易持续时间的特征事实

（一）进口贸易持续时间的特征分布

最早将生存分析法引至国际贸易领域进行贸易持续时间研究的文献是比瑟德和普鲁萨（Besedeš，Prusa，2006a），文献采用 1972~1988 年 TS7 分位以及 1989~2001 年 HS‑10 分位高度细分的产品层面数据对美国进口贸易持续时间进行了分析。分析结果发现，其中位持续时间非常短，仅为 2~4 年，并存在负的时间依存性，即如果一国的一种产品或一个企业能持续出口或进口超过几年，那么，此后它在出口或进口中失败的危险将会下降，因此，很有可能今后很长一段时间将持续出口或进口。随后，涌现出了大批经济学者开始探讨各国进出口贸易持续时间的特征分布，都得到了几乎一致的结论。因此，从不同角度对贸易持续时间特征分布的经验研究随后出现（Besedeš，Prusa，2006b；Besedeš，Prusa，2008；Nitsch，2009；Fugazza，Molina，2011）。

比瑟德和普鲁萨（Besedeš，Prusa，2006b）使用了与比瑟德和普鲁萨（Besedeš，Prusa，2006a）同样的进口数据，同时，参考劳奇（1999）的产品分类方法，将产品分为同质产品、参考价格产品和差异化产品三种类型后进行进口贸易关系持续时间研究。结果发现，差异化产品的中位数持续时间一般都比同质产品以及参考价格产品的持续时间长两倍多。尼奇（Nitsch，2009）利用1995～2005年CN－8分位数据①分析了德国进口贸易的持续时间，研究得出大部分进口产品的生存时间仅为1～3年。赫斯和皮尔森（Hess，Persson，2011）利用1962～2006年EU－15个国家从140个非EU国家的进口数据进行分析，结果表明，欧盟进口贸易关系的持续时间仅为1年，约60%的贸易关系在第1年之后就结束了。陈勇兵等（2013）基于HS－6分位产品层面中国进口贸易关系的持续时间进行了研究，结果发现，中国进口持续时间的均值为2.26年，中位值为1年。

（二）出口贸易持续时间的特征分布

对出口贸易关系持续时间的研究稍晚一些，比瑟德和普鲁萨（Besedeš，Prusa，2007）使用UN-COMTRADE联合国发展贸易数据库中SITC 4位数的数据研究了46个经济体的出口持续时间，他们把46个经济体划分为5个地区：中美、南美、墨西哥、东亚和加勒比地区，结果发现出口持续时间的中位值仅为1～2年，且地区间存在显著性差异，发达国家相比发展中国家而言，出口生存时间明显要更长。同时，从1975年开始的发展中国家的2003个出口贸易关系的生存时间比发达国家更短，许多发展中国家新的贸易关系很少能持续两年以上。因此，如果发展中国家

---

① CN全名《海关税则分类目录公约》（Convention on Nomenclature for the Classification of Goods is Customs Tariffs），又称为《海关合作理事会税则商品分类目录》（Customs Co-operation Council Nomenclature，CCCN），是1950年12月15日海关合作理事会在布鲁塞尔召开的国际会议上制定的公约，1953年9月11日生效。该公约最初被称为"布鲁塞尔税则目录"，于1975年正式改名为《海事合作理事会税则商品分类目录》。

着力使出口持续时间延长，将会极大地促进出口贸易的增长。伏加萨和莫利纳（Fugazza，Molina，2011）对 1995~2004 年 96 个经济体的出口贸易关系基于 HS‐6 分位数据进行了研究，把所有地区分为发展中南部地区、新兴南部地区以及北部地区，研究发现，出口贸易关系的持续时间将随着经济体的经济发展水平而变化。何树全（2011）采用生存分析模型对 1989~2008 年中国出口到美国农产品高度细分的 HS‐10 分位贸易数据进行了分析，研究发现出口贸易关系的持续时间很短，平均生存时间为 3.9 年，中位生存时间仅为 2 年。之后，邵军（2011）对中国出口贸易持续时间、陈勇兵等（2012）对中国农产品出口贸易的持续时间也进行了研究，均得到了类似的结论。陈勇兵等（2012）开始基于企业层面的高度细分的贸易数据采用生存分析法对中国出口持续期进行了深度分析，研究发现持续时间均值不到 2 年，中位值为 3 年。

从各国进出口贸易关系持续时间的特征分布结果可以看出，其持续时间都非常短，并且，产品的不同分类导致其持续时间大相径庭。值得注意的是，进口贸易关系持续时间的研究几乎都基于产品层面来进行，这主要是因为进口贸易关系企业层面的数据难以获得。而且，无论是进口贸易还是出口贸易，其持续时间的研究过程中，关于数据的选取以及数据的不同处理方式的选择将会影响持续时间。例如，比瑟德和普鲁萨（Besedeš，Prusa，2006a）中包括 TS 分类、HS 分类以及 SITC 分类，HS 分类为产品分类，SITC 分类为产业分类，因此，HS 相比 SITC 分类而言更细化，也就是说，SITC 分类下的数据为加总后的数据。从其贸易持续时间的描述性统计可以看出，HS 分类的产品层面数据相比 SITC 分类下的产业层面数据，持续时间明显更短。另外，值得一提的是，几乎所有关于贸易关系持续时间的研究都证明了负的时间依存性的特征存在。

从国内的研究结论来看，基本上都验证了国外结论在中国进出口贸易关系中同样存在的事实，并且，相比国外研究来看，时间稍晚，数量甚少。同时，由于国内企业层面的数据库获取难度大，因此，基于企业层面的研究更是少之又少。

贸易关系持续时间的文献梳理，见表 2‐1。

表 2 - 1 贸易关系持续时间的文献梳理

	产品层面	企业层面
进口	比瑟德和普鲁萨（Besedeš，Prusa，2006a） 比瑟德和普鲁萨（Besedeš，Prusa，2006b） 比瑟德（Besedeš，2008） 尼奇（Nitsch，2009） 赫斯和皮尔森（Hess，Persson，2010a） 赫斯和皮尔森（Hess，Persson，2010b） 赫斯和皮尔森（Hess，Persson，2011） 比瑟德和普鲁萨（Besedeš，Prusa，2013） 陈勇兵等（2013） 倪青山等（2013）	
出口	比瑟德和普鲁萨（Besedeš，Prusa，2007） 格尔克等（Görg et al.，2008） 布伦顿等（Brenton et al.，2009） 小桥（Obashi，2010） 伏加萨和莫利纳（Fugazza，Molina，2011） 科科莱斯等（Còrcoles et al.，2012） 比瑟德（Besedeš，2013） 何树全等（2011） 邵军（2011） 陈勇兵等（2012） 林常青（2014） 林常青和张相文（2014） 林常青（2014）	佐尔坦等（Zoltan et al.，2007） 格尔克等（Görg et al.，2008） 比瑟德和奈尔赖（Besedeš，Nair-Reichert，2009） 沃尔普和卡巴洛（Volpe，Carballo，2009） 霍姆斯等（Holmeset al.，2010） 西雷拉等（Cirera et al.，2012） 埃斯特维-佩雷斯等（Esteve-Pérez et al.，2013） 陈勇兵等（2012）

资料来源：笔者根据相关文献整理而得。

二、贸易持续时间的研究方法

关于贸易持续时间影响因素的分析，目前，采用的计量模型包括 Cox 比例危险模型、分层的 Cox 模型、扩展的 Cox 模型以及离散时间模型四种。在赫斯和皮尔森（Hess，Persson，2010a）指出采用 Cox 比例危险模型进行贸易关系持续时间研究存在三大弊端之前，多数文献均采用 Cox 比例危险模型进行经验研究，之后，大部分文献开始对该模型进行改进。例如，分层的 Cox 模型以及扩展的 Cox 模型，国内的研究主要采用离散时间模型进行分析。表 2 - 2 对贸易持续时间研究方法的文献进行了归纳。

表 2 - 2   贸易持续时间研究方法的文献归纳

方法	文献
Cox 比例危险模型	比瑟德和普鲁萨（Besedeš，Prusa，2006b）；比瑟德和奈-尔赖（Besedeš，Nair-Reichert，2009）；沃尔普和卡巴洛（Volpe，Carballo，2009）；比瑟德和布莱德（Besedeš，Blyde，2010）；邵军（2011）
分层的 Cox 模型	比瑟德（Besedeš，2008）；尼奇（Nitsch，2009）；小桥（Obashi，2010）；斯蒂芬和伊姆莱（Stefan，Imre，2012）
扩展的 Cox 模型	伏加萨和莫利纳（Fugazza，Molina，2011）
离散时间模型	格尔克等（Görg et al.，2008）；赫斯和皮尔森（Hess，Persson，2011）；比瑟德（Besedeš，2013）；比瑟德和普鲁萨（Besedeš，Prusa，2013）；陈勇兵等（2012）；陈勇兵等（2013）；林常青和张相文（2014）；林常青（2014）

资料来源：笔者根据相关文献整理而得。

（一）考克斯（Cox）比例危险模型

Cox 模型由考克斯（Cox，1972）[①] 提出，并由比瑟德和普吕萨（Besedeš，Prusa，2006b）最早运用于贸易持续时间的影响因素研究。其基本形式为：$h(t,x,\theta) = h_0(t)\exp(x'\theta)$，在该表达式中，协变量 x 表示影响贸易持续时间的因素，θ 为待估计的系数，$h_0(t)$ 为基准的危险率，即所有影响因素为 0 时的基准危险率，它随着时间变化而变化，但与协变量无关，且假定它与 $h(t,x,\theta)$ 呈比例。$h(t,x,\theta)$ 为个体在协变量 x 的影响下在时刻 t 的危险率。Cox 比例危险模型有两个优点：其一，对其生存函数分布的特征未做要求；其二，其基准危险率是不确定的，Cox 模型通过对危险率的估计验证各因素对贸易持续时间的影响程度。比瑟德和普吕萨（Besedeš，Prusa，2006b），比瑟德和奈-尔赖（Besedeš，Nair-Reichert，2009），沃尔普和卡巴洛（Volpe，Carballo，2009），比瑟德和布莱德（Besedeš，Blyde，2010），邵军（2011）的研究均采用 Cox 比例危险模型，但鉴于 Cox 比例危险模型的严格假设，在比瑟德和普吕萨（Besedeš，Prusa，2006b）之后，多数文献开始对其进行改进，形成了分层的 Cox 模型

---

① 如需详细了解 Cox 模型请参考 Cox D. R. Regression models and life-tables（with discussion），J R Stat Soc（Series B）vol. 34，1972，pp. 187 - 220.

以及扩展的 Cox 模型。

（二）分层的 Cox 模型

比瑟德（2008）提出采用分层的 Cox 模型对影响美国进口贸易的因素进行研究，其改进后的表达式为：$h_s(t,x,\theta) = h_{s0}(t)\exp(x'\theta)$，其表达式和其基本表达式类似，唯一不同之处在于无论是待估计的危险率还是基准危险率都有一个 s 的下标，表示分层的意思。比瑟德（2008）按照地区以及 SITC 产业的不同进行分层，基准危险率不仅随时间变化而且在各因素的不同层面上也是不同的。这在一定程度上解决了比例危险的严格假设不成立的问题。在比瑟德（2008）之后，尼奇（Nitsch，2009）、斯蒂芬和伊姆莱（Stefan，Imre，2012）也相继采用分层的 Cox 模型对德国进口贸易持续时间以及欧盟农产品出口贸易的持续时间的影响因素进行了研究。

（三）扩展的 Cox 模型

伏加萨和莫利纳（Fugazza，Molina，2011）采用 Schoenfeld 残差法对比例危险假设的有效性的检验拒绝了假设，尤其当随时间变化的协变量包括在模型中时，该假设的有效性更弱。因此，伏加萨和莫利纳（Fugazza，Molina，2011）从另外的角度进行了改进，他们先采用 Schoenfeld 残差法对比例危险的理论假设进行检验，之后，对拒绝该假设的变量引进其与时间依存变量的交叉项到估计模型，从而构造了扩展的 Cox 模型对其影响因素进行估计。值得注意的是，无论是分层的 Cox 模型还是扩展的 Cox 模型，对其影响因素的验证与原始 Cox 模型的验证并无二致。

（四）离散时间模型

赫斯和皮尔森（Hess，Persson，2010a）指出，使用连续时间 Cox 模型分析贸易持续时间的影响因素是不恰当的，原因如下：其一，连续时间 Cox 模型在处理贸易持续时间的节点问题时，将会导致系数估计的偏误；其二，连续时间 Cox 模型很难恰当地控制不可观测的异质性，因此，会引起错误的时间依存性和参数估计的偏误；其三，连续时间 Cox 模型在使用时必须满足比例危险的理论假设，使用扩展的连续时间 Cox 模型虽然可以解决这一问题，但是，需要估计大量额外的参数。鉴于此，赫斯和皮尔森

（Hess，Persson，2010a）提出使用离散时间模型来分析贸易持续时间的影响因素，首先，离散时间模型能解决贸易持续时间的节点问题。其次，离散时间模型可用二元因变量的方法进行估计，并能在现今主流的软件中轻松操作，这在计算上也比连续时间模型有优势。更为重要的是，即使模型中已包含众多影响因素，一旦仍有影响因素包含在误差项中，并导致误差项与解释变量相关的话，将导致参数估计的偏误，而随机效应离散时间模型能较轻松地控制不可观测的异质性。最后，通过使用离散时间模型，本书能较容易地放松比例危险假设。基于以上原因，之后大部分文献纷纷采用离散时间模型来进行经验研究。例如，赫斯和皮尔森（Hess，Persson，2011），比瑟德（2012），陈勇兵等（2012，2013）等。

离散时间模型的提出在计量方法的选择上取得了突破，为今后贸易关系持续时间的影响因素研究提供了更为精确的方法，也为各国研究贸易持续增长提供了基础。

三、贸易持续时间的影响因素

从 2006 年以来，各国学者开始从国家特征、市场结构特征、产品特征以及企业特征等角度对贸易关系持续时间的影响进行经验研究，也得到了许多有价值的结论。如图 2 - 1 所示。

（一）国家层面特征

1. 引力变量

最早将引力变量用于研究国际贸易的是丁伯根（Tinbergen，1962），该文献使用地理距离以及经济总量研究分析了其对双边贸易流量的影响，并得出两国双边贸易规模与它们的经济总量成正比，与两国之间的距离成反比的结论。至此，大多数文献也将其他类似于地理距离以及经济总量的变量定义为引力变量，这来源于物理学家牛顿提出的万有引力定律。劳奇（Rauch，1999）曾指出更靠近目的市场、共同的语言以及殖民地联系等引力变量都是建立贸易关系的重要因素。因此，引力变量将影响贸易关系的持续时间。比瑟德（Besedeš，2008）引入目的国 GDP、人均 GDP、地理距离、共同的语言以及与美国的邻近程度等引力变量至连续时间 Cox 模型，发现除地理距离之外，其他的引力变量均与贸易关系的危险率成反比，与贸易关系的持续时间成正比。之后，多数文献在对贸易关系持续期的影响因素进行研究时都引入了引力变量。伏加萨和莫利纳（Fugazza，Molina，2011）也将地理距离、内陆化、共同边界、共同语言以及殖民地联系这些引力变量引入原始的 Cox 模型，扩展的 Cox 模型以及 Probit 模型中，并得到了如下结论，贸易双方之间的地理距离与贸易的危险率成正比，与贸易关系的持续时间成反比，共同的边界以及共同的语言以及殖民地联系与贸易关系的危险率成反比，与贸易关系的持续时间成正比，内陆化对贸易关系的危险率影响在不同的模型中表现不一致。值得一提的是，多数文献对于引力变量的影响的研究结论基本一致。

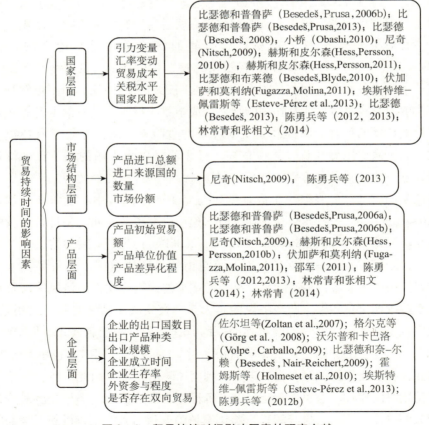

图 2-1 贸易持续时间影响因素的研究文献

资料来源：笔者根据相关文献整理而得。

2. 国家环境

贸易双方之间的国家环境，包括汇率变动、贸易成本、关税水平以及国家风险等，比瑟德（Besedeš，2008）曾将实际汇率水平、贸易的交通成本引入 Cox 模型中，研究了其对贸易持续时间的影响。文中使用各出口国对美国的汇率水平作为指标进行估计，得到了和预期一样的结论，出口国对美元贬值，将降低该出口贸易的危险率，延长其出口贸易的持续时间。而贸易的交通成本将提高贸易关系的危险率，从而缩短贸易关系的持续时间，赫斯和皮尔森（Hess，Persson，2010b）引入交通成本变量也得到了一致的结论。赫斯和皮尔森（Hess，Persson，2011）、陈勇兵（2012c）、陈勇兵（2013）引进实际汇率水平变动因素，也得到了相同的结论。尼奇（Nitsch，2009）在研究德国进口贸易持续时间中也引入了汇率水平的变动因素，但是，其对德国进口贸易持续时间的影响不显著。

针对关税水平对于贸易持续时间的影响早在比瑟德和普吕萨（Besedeš，Prusa，2006b）中已经被研究过，并得到了关税水平与贸易关系的危险率负相关，与贸易关系的持续时间正相关的结论。原因被解释为成本效应与竞争效应相互作用的结果，成本效应指的是关税的上升意味着出口商成本的增加，将提高其贸易关系的危险率，从而缩短贸易持续时间，竞争效应刚好相反，关税越高，意味着进口国市场的竞争程度将越低，这将降低贸易危险率，延长其贸易持续时间。因此，关税水平对贸易持续期的影响，最终取决于成本效应与竞争效应的大小。赫斯和皮尔森（Hess，Persson，2010a）在对连续时间模型以及离散时间模型进行比较中也与比瑟德和普吕萨（Besedeš，Prusa，2006b）得到了一致的结论。

比瑟德（Besedeš，2013）对北美自由贸易区成员国出口贸易持续期的研究中引入了经济风险变量，结果与本书的预期相反，经济风险与贸易关系持续期呈正相关，即经济风险越大，其贸易关系持续时间将会更长。文中首先提到国际贸易不确定性的原因，这在劳奇和沃森（Rauch，Watson，2003）、比瑟德（Besedeš，2008）中均证实过，同时，也解释了出口商仅在有相当把握时才会决定出口到高风险的国家。因此，将会导致出口持续时间较长，这也在一定程度上解释了贸易关系持续期与经济风险正相关的结论。陈勇兵等（2012）将国家风险变量引入模型，得到了国家风险与贸易持续期负相关的结论，说明企业出口到风险越高的国家或地区，双方贸易更容易中断，这与预期一致。

（二）市场结构特征变量

市场结构特征变量，包括产品进口总额、进口来源国的数量、市场份额等。尼奇（Nitsch，2009）在对德国进口贸易持续时间进行研究中，将市场结构特征的各种变量对贸易持续时间的影响进行了分析，从而发现这些变量的估计系数均为正并且显著，这些变量包括进口总额、进口产品市场份额、出口商的数量以及德国出口总额。当考虑德国进口市场的影响时发现，德国进口市场越大，贸易持续期将更长，同样市场占有率也与贸易关系的持续时间呈正相关；出口商的数量在其研究中并未对贸易关系的持续时间产生影响；德国某种产品向某个国家的出口总额将对该产品从该国进口的持续时间产生正的影响，这应归咎于双方之间的信任度以及贸易的互惠政策。陈勇兵等（2013）考虑到中国进口市场结构特征的不同对中国进口贸易持续时间也会造成不同的影响，因此，将每种产品的进口来源国的数量、从1个进口来源国进口1种产品的总额占该产品整个中国进口的市场份额、进口总额以及是否为双边贸易等变量加入研究当中，结果发现，除了进口来源国数量、市场份额以及双边贸易对中国进口贸易持续时间产生正的影响之外，进口总额对中国进口贸易持续时间的影响也为正，这一结论与尼奇（Nitsch，2009）得到的结论相比，更加肯定了市场结构特征变量对贸易持续时间的影响。

（三）产品特征变量

在大多数文献中，将影响贸易持续时间的产品特征归纳为产品初始贸易额的大小、产品单位价值的大小以及产品差异化程度。最早考虑到初始贸易额对贸易持续期存在影响的是比瑟德和普吕萨（Besedeš，Prusa，2006a），但是，其并没有对初始贸易额与贸易关系持续期的关系进行直接研究，而是采用初始贸易额对贸易持续时间进行加权处理，得到了经过加权处理后的贸易持续时间更长了，这一定程度上说明了初始贸易额对贸易持续时间的影响。比瑟德（Besedeš，2008）开始正式引进初始贸易额对其贸易关系持续时间的影响进行经验研究，结果发现，出口产品的初始贸易额越大，其贸易关系的持续期就越长。比瑟德从搜寻成本的角度对此进行了解释，初始贸易额越大，表明供应商的可靠性越大，且搜寻过程越便捷，因此，其贸易关系的持续时间也就越长。之后，大量的文献在对贸易关系持续期进行经验研究时，都不约而同地采用了初始贸易额作为影响变量。包括尼奇（Nitsch，2009），赫斯和皮尔森（Hess，Persson，2010b），伏加萨和莫利纳（Fugazza，Molina，2011），邵军（2011），陈勇兵等（2012b；2012c），陈勇兵等（2013），林常青和张相文（2014b），等等。

对产品单位价值大小的引进最早的应该是尼奇（Nitsch，2009），他除了引进初始贸易额作为产品特征变量之外，还采用了产品的单位价值以及产品的替代弹性两个产品特征变量，得到了产品的单位价值变量与贸易关系持续期成正比的结论，邵军（2011）、陈勇兵等（2012c；2013）等均得到了一致的结论。原因解释为产品单位价值越高，意味着产品复杂度越高，产品可替代性弱，因此，贸易关系持续时间较长。产品的替代弹性与贸易关系持续期成反比，与预期一致，即产品的替代弹性越大，越容易被取代，贸易关系的持续期就越短，这也揭示了产品的差异化程度与贸易关系持续期的正相关关系。

自从劳奇（Rauch，1999）根据产品的差异化程度将产品依次分为差异化产品、参考价格产品以及同质产品之后，大多数文献都将其作为影响贸易关系持续期的变量进行研究。最早的应属比瑟德和普吕萨（Besedeš，Prusa，2006b），他们通过使用劳奇和沃森（Rauch，Watson，2003）搜索成本模型研究了差异化程度以及初始贸易额对贸易持续时间的影响，差异化产品应该有较小的初始贸易额，贸易持续期也应该较长，而对于每一种类产品而言，初始贸易额越大，贸易关系的持续时间就越长，该文从搜寻成本和投资成本方面对同质产品与差异化产品进行了解释。差异化产品的搜寻成本较高，因此，其初始贸易额一般较低，但是，贸易关系持续时间更长，而同质产品则恰好相反，不足的是其并未真正结合搜寻成本来解释差异化产品的贸易关系。之后，大多数文献也添加了产品差异化程度作为影响贸易持续时间的变量，有部分文献对其原因从不同的角度进行了解释。例如，邵军（2011）从产品的可替代程度角度进行了解释，认为产品的差异化程度越大，其可替代程度更低，进口商选择替代产品的成本就更高，从而贸易关系的持续时间就越长。

（四）企业特征变量

企业特征变量，包括企业的出口国数目、出口产品种类数量、企业规模、企业成立时间、企业生存率、外资参与程度以及是否存在双向贸易等。

罗伯茨和蒂博特（Roberts，Tybout，1997）最早引入动态的 probit 模型来分析 1981～1989 年哥伦比亚制造业企业的面板数据的进入和退出决策类型。该文献的模型中，每个企业在退出出口市场之前必须支付固定成本，在进入之后，企业仅需要承担变动成本，他们引入虚拟变量来控制企业过去的出口现状，显示其出口历史的类型。贝纳德和詹森（Bernard，Jensen，2004）使用了一个线性概率框架，来研究美国制造业企业面板数据中沉没成本的大小和作用。他们也发现，进入成本是巨大的，并且，现在的出口经验会增加将来继续出口的概率约为 36%。这两篇文献都选择了企业的历史特征对企业选择进入决策和退出决策的影响进行研究，当时并没有提出贸易持续时间的概念，也没有从企业的其他特征探讨对于进入决策和退出决策的影响。

佐尔坦等（Zoltan et al.，2007）从地区人力资本的角度研究了其对新生企业生存率的影响，尽管研究的是企业生存率，但并不是从企业层面的特征变量对其进行研究。霍姆斯（Holmes，2010）等最早对企业按照规模大小进行分类，从而对不同种类企业持续期的决定因素分别进行分析，他们使用英国东北部 1973～2001 年 781 家企业的数据并使用离散时间模型分别估计了微型企业以及中小型企业的贸易持续时间及影响因素。结果发现，这两种类型企业的贸易持续期受企业特征以及宏观经济变量等的影响并不同，微型企业的初始规模扩大时将对其贸易持续时间产生负的影响，而中小型企业恰好相反。与以前的研究不同的是，发现企业所有制特征并不是影响企业持续时间的重要因素，外资企业之所以具有更长的持续期源于其成立规模，而并不是由于其所有制。

埃斯特维-佩雷斯等（Esteve-Pérez et al.，2013）采用生存分析法对 1997～2006 年西班牙企业的贸易持续时间进行了研究，结果表明，当企业出口持续时，企业与目标国之间的匹配却是非常动态的：企业—目的国的出口贸易关系持续时间只有两年，这与之前对产品层面数据的研究结论一致。这篇文章研究的企业层面特征，包括企业规模、成立时间、生产率、是否外资参与、是否为有限责任公司，零售还是批发，是否有双向贸易。研究得出，企业的贸易持续时间不仅受企业异质性的影响，同时，还受出口目的国的异质性影响，该文按照 OECD 对国家风险的划分将出口目的国分为高风险国家和低风险国家两类，发现企业的出口目的国为低风险国家的持续期更长。这与陈勇兵等（2012）得到的结论一致，同时还发现，在低风险的国家，企业生产率以及规模都对企业的生存时间起着重要的决定性作用，但是，在高风险的国家却不是。在高风险国家，企业具有的比较优势，出口国的 GDP 规模以及两国之间的邻近度都对贸易的持续期没有影响。但是，信息的溢出效应以及企业内交易将对其出口贸易持续期起到促进作用。值得注意的是，这篇文献也采用了和霍姆斯（Holmes，2010）等一样的方法对其企业进行分类，并在分类的基础上引入企业层面、产业层面以及国家层面的特征对两种分类的企业的影响进行比较，不同的是对企业分类的依据不同。

陈勇兵等（2013）采用离散时间模型考察了中国企业出口持续时间的决定因素，该文也对企业进行了分类，分类的依据包括地区以及所有制，在此基础上，除了采用埃斯特维-佩雷斯等（Esteve-Pérez et al.，2013）企业规模、企业成立时间、企业生产率、是否外资参与，是否存在双向贸易等变量之外，还添加了企业出口的初始贸易额、企业的出口目的国数目及出口产品种类数量以及是否为国有企业等企业特征变量。结果表明，企业层面的特征，会对持续时间产生显著影响。

四、贸易持续时间研究文献的简要述评

在贸易持续时间的影响因素的研究文献中，较少关注出口经验因素对出口持续时间的影响，但从贸易成本的角度考虑，出口经验将有助于降低企业或产品的贸易成本，尤其是交易成本。例如，在目标市场搜寻并定位交易对象的搜寻成本以及取得交易对象信息和交易对象进行信息交换所需的成本，那么，可以推测出口经验将降低产品的出口危险率，从而延长出口持续时间。格尔克等（Görg et al.，2008）从企业角度出发，运用匈牙利 1992～2003 年的数据得到了如下结论，如果企业出口的产品在同一

HS-4位行业内和HS-6位行业内有过其他产品的出口经验，那么，该企业的出口关系生存率将得到提高。另外，比瑟德和普吕萨（Besedeš, Prusa, 2013）、比瑟德（Besedeš, 2013）为了检验出口经验对出口持续时间的影响，使用两个变量对产品—出口目的国组合的信息溢出效应进行测量，第一个变量为同一产品出口国数量，它表示同一种产品在同一年度出口的国家数量，第二个变量为同一目的国出口产品种类，表示同一年度内向同一出口目的国出口的产品种类。前者测量产品出口经验，后者测量国家出口经验。结果证明，北美自由贸易区成员国的出口经验对其出口持续时间存在促进作用。在此基础上，本书参考他们的做法也考察了出口经验对中国出口持续时间的影响，区别于比瑟德和普吕萨（Besedeš, Prusa, 2013）。参考比瑟德（Besedeš, 2013）的研究，本书在控制不可观测异质性的离散时间模型基础上，使用了画图法分析产品出口经验变量和国家出口经验变量对中国出口持续时间的影响。

上述文献为本书理解贸易持续时间及其对一国贸易平稳增长的意义提供了深刻的洞见，但纵观国内外大部分关于贸易持续时间的研究发现，这些文献仅关注了贸易持续时间的特征分布事实及其影响因素，并未考察贸易持续时间对贸易增长的具体影响。例如，出口持续时间是否对出口地理广化或者出口产品广化带来促进作用等。拉赫曼（Rakhman, 2010）关注了这一重要问题，他为了检验已出口过其他目的国市场的产品出口经验对于这些老产品进入新市场的影响以及已出口过产品的出口经验对于潜在出口产品进入同一出口国市场的影响，采用出口持续时间作为出口经验的衡量指标，探讨了出口地理广化以及出口产品广化的路径依赖问题。本书将参考拉赫曼（Rakhman, 2010）的做法，研究中国出口持续时间对出口地理广化以及出口产品广化的影响。

第二节 出口经验对出口广化影响的文献综述

出口经验对出口广化影响的研究思路先来源于出口学习效应的经验性研究，先有企业通过出口获得了经验，从而提高了企业生产率，进而促进其开拓新市场以及开发新产品。因此，出口经验对出口广化影响的文献综述应从出口学习效应的经验性研究开始梳理。

一、关于出口学习效应的经验性研究的结论综述

贝纳德和詹森（Bernard，Jensen，1995）首次发现，在同一个行业中出口企业和非出口企业在企业绩效特征上存在显著差异，至此，关于研究企业生产率和出口市场参与度之间关系的文献大量涌现。例如，阿曼（Aw，1998）等，艾斯古德（Isgut，2001），阿尔瓦雷斯和洛佩兹（Alvarez，Lopez，2005），德勒克（De Loecker，2006），哈恩和帕克（Hahn，Park，2010），马利克和杨（Mallick，Yang，2010）等。梅里兹（Melitz，2003）将企业异质性加入克鲁格曼（Krugman，1980）的新贸易理论模型从而发展成为新新贸易理论模型，该模型中阐明了自我选择效应的存在，即出口中存在的额外成本能将国内企业分类，只有那些生产率更高的企业才能逾越出口额外成本的障碍从而选择出口。关于企业生产率和出口市场参与度之间关系的研究按照其因果关系可以分为两类，一类认为，企业生产率的提高是企业参与出口的"因"，即只有生产率高的企业才会选择出口，简称为自我选择效应；另一类则认为，企业生产率提高是企业参与出口的"果"，即企业通过出口将提高其自身生产率，简称为出口学习效应。

已有的大量国内外文献对于自我选择效应的检验基本上达到了一致，即支持了出口企业在出口前的企业生产率水平或生产率增速都要高于非出口企业的论断。例如，贝纳德和詹森（Bernard，Jensen，1995）使用美国1976～1987年制造业的企业层面数据，同时，采用企业劳动生产率水平测度其企业生产率，在所有规模的企业中得到了出口企业的劳动生产率水平大约高于非出口企业劳动生产率的1/3。哈恩和帕克（Hahn，Park，2010）采用韩国1990～1998年微观企业层面数据，并使用前沿的匹配法进行检验，发现出口企业相比非出口企业而言，其劳动生产率水平和全要素生产率水平均要高，劳动生产率水平大约高于20%～50%，其全要素生产率水平大约高于2.5%～7.5%。但是，也有部分文献并不支持自我选择效应。尤其在关于中国数据的研究中，这种现象似乎更普遍，李春顶和尹翔硕（2009）、李春顶（2010）、马述忠和郑博文（2010）、王华等

（2010）以及赵伟等（2011）的经验研究，均不支持自我选择效应的存在。李春顶和尹翔硕（2009）、李春顶（2010）尤为甚之，更提出了"生产率悖论"这一假说。[①] 关于自我选择效应检验的经验文献太多，鉴于本书重点探讨出口学习效应，在此并未对这些文献进行一一评述，格林纳威和科内尔（Greenaway, Kneller, 2007）以及瓦格纳（Wagner, 2007）对此做了较为详尽的文献综述。

（一）支持出口学习效应的文献综述

关于对出口学习效应假说的证据则较为微弱（Greenaway, Kneller, 2007；Wagner, 2007），表2-3、表2-4和表2-5分别对支持出口学习效应、不支持出口学习效应以及出口学习效应结论模糊的文献进行了统计。从这些文献使用方法的统计上来看，主要使用了两种方法，分别为线性模型和倍差匹配法，在格林纳威和科内尔（Greenaway, Kneller, 2003）之前，国外对出口学习效应的检验主要采用线性模型这种传统方法进行，传统的线性模型在分析出口与生产率的双向因果关系中存在参数检验的内生性以及不可观测影响因素等问题。因此，格林纳威和科内尔（Greenaway, Kneller, 2004）率先采用了前沿性的倍差匹配法来检验自我选择效应和出口学习效应的存在，从而较好地解决了线性模型所存在的问题，从而将得到更为可信的结论。自此，国内外学者陆续采用该方法来检验各国微观企业中出口与生产率的因果关系。例如，德勒克（De Loecker, 2006），马利克和杨（Mallick, Yang, 2010），阿门多拉等（Amendolagine et al., 2008）的研究。

表2-3中对支持出口学习效应的文献进行了统计，鲍德温和古（Baldwin, Gu, 2003）使用线性模型对1974～1996年加拿大制造业企业的生产率与其出口市场参与度之间的关系进行了探讨，发现企业的出口参与度能提高其生存率，即存在出口学习效应，而且，国有控股企业相比外资控股企业而言，出口学习效应更强，新的出口企业相比老的出口企业，出口学习效应更强。格林纳威和科内尔（Greenaway, Kneller, 2003）率先采用倍差匹配法，并利用英国1988～2002年微观企业层面数据证明了

---

① "生产率悖论"认为，中国出口企业的生产率水平反而低于非出口企业。

相对于非出口企业而言，英国制造业中的出口企业在进入出口市场第一年的生产率提高非常显著，并且，随着这些企业对外开放度越高，企业生产率提高效应发生的可能性更大。范毕思布洛克（Van Biesebroeck, 2005）对 9 个撒哈拉以南非洲国家的制造业企业数据的研究表明，出口企业通过出口外部市场获得了其生产率优势，同时指出，规模经济是其出口企业生产率提高的重要渠道，这些欠发达国家国内信贷的约束以及合约实施环境都将阻碍仅服务于国内市场的生产企业实现其规模经济。阿尔瓦雷斯和洛佩兹（Alvarez, Lopez, 2005）利用智利 1990~1996 年微观企业层面数据检验了自我选择效应、出口学习效应以及为了出口有意识地选择效应三种假说的存在。德勒克（De Loecker, 2006）采用斯洛文尼亚 1994~2000 年企业数据并使用了前沿性的倍差匹配法在控制了出口企业的自我选择效应之后，分析了企业开始出口后生产率是否提高，出口企业和非出口企业之间的生产率差异在出口后加大。这个结论在产业层面数据和控制了其他有可能影响生产率因素的分类数据中同样稳健，同时还发现，当出口企业的目的国市场为高收入国家时，生产率的提高将会更大。哈恩和帕克（Hahn, Park, 2010）利用韩国 1990~1998 年微观企业层面数据重新检验了韩国企业中的出口学习效应，采用了两种方法测量企业的全要素生产率，这篇文章通过非参数的匹配法证明了韩国制造业中的出口学习效应非常大并且稳健。同时，他们也证明了出口学习效应的大小依赖于企业层面的特征，出口学习效应对于那些出口倾向较高的企业和小企业而言似乎更大。另外，他们发现，出口之后那些较高技术密集度的企业生产率会在短时间内更高，但长期来说，较低技术密集度的企业生产率提高似乎更大。

张杰等（2009）从企业出口与企业生产率的关系视角出发，对出口是否促进中国本土制造业企业全要素生产率的提高进行了细致研究，结合奥莱和佩克斯（Olley, Pakes, 1995）发展出的三步回归模型框架方法以及匹配法，分析出口对中国本土制造业企业是否具有出口中学习效应，结果发现，单期平均效应指标和累积平均效应指标都稳健地验证了出口学习效应促进了中国本土制造业企业全要素生存率的提高，从而最早为中国的出口学习效应提供了证据。马利克和杨（Mallick, Yang, 2010）使用前沿的倍差匹配法研究了中国 2000~2002 年的调查数据，进一步为出口学习效应提供了中国的实证证据。戴觅和余淼杰（2010），邱斌等（2012）也运用倍差匹配法分别对中国 2001～2007 年微观企业数据和中国 1999～2007 年微观企业数据进行了研究，同样得到了支持出口学习效应的结论。钱学锋等（2011）则采用线性模型对中国 1999～2007 年微观企业数据进行了检验，结论也证实了出口学习效应的存在。相关文献，见表 2－3。

表 2－3 支持出口学习效应的文献统计

代表人物	数据	方法	结论
鲍德温和古（Baldwin, Gu, 2003）	加拿大 1974～1996 年微观企业数据	线性模型	支持出口学习效应
格林纳威和科内尔（Greenaway, Kneller, 2003）	英国 1988～2002 年微观企业层面数据	倍差匹配	
范毕思布洛克（Van Biesebroeck, 2005）	9 个撒哈拉以南非洲国家 1992～1996 年制造业企业的数据	线性模型	
阿尔瓦雷斯和洛佩兹（Alvarez, Lopez, 2005）	智利 1990～1996 年微观企业层面数据	线性概率模型	
德勒克（De Loecker, 2006）	斯洛文尼亚 1994～2000 年微观企业层面数据	倍差匹配	
张杰、李勇和刘志彪（2009）	中国 1999～2003 年微观数据	线性模型	
哈恩和帕克（Hahn, Park, 2010）	韩国 1990～1998 年微观企业层面数据	匹配	
马利克和杨（Mallick, Yang, 2010）	中国 2000～2002 年调查数据	倍差匹配	
戴觅和余淼杰（2010）	中国 2001～2007 年微观企业层面数据	倍差匹配	
缪可（Mukim, 2011）	印度 1989～2008 年微观企业层面数据	匹配	
钱学锋等（2011）	中国 1999～2007 年微观数据	线性模型	
邱斌、刘修岩和赵伟（2012）	中国制造业 1999～2007 年微观企业数据	倍差匹配	

资料来源：笔者根据相关文献整理而得。

（二）不支持出口学习效应的文献综述

不支持出口学习效应的文献统计，如表 2－4 所示。最早对出口学习效应提出质疑的是贝纳德和詹森（Bernard，Jensen，1995），他们使用线性模型对美国制造业 1976～1987 年微观企业数据对于出口学习效应进行了检验，结果并未发现出口学习效应的证据。阿诺德和哈森格（Arnold，Hussinger，2005）则使用匹配法对德国 1992～2004 年微观企业数据中出口市场对出口企业生产率的改进与否进行了探讨，但并没有发现显著的证据。埃利亚松等（Eliasson et al.，2009）则采用瑞典制造业 1997～2006 年的中小企业数据并使用倍差匹配法对出口学习效应进行了检验。他们发现，出口企业相比非出口企业而言，在出口之前具有更高的企业生产率，然而，这种生产率的差距并没有在出口之后继续扩大，证明了瑞典制造业中存在事前的自我选择效应以及为了出口有意识的选择效应，但并不存在事后的出口学习效应。另外，洛吉和瑞查得符里（Ranjan，Raychaudhuri，2011）使用印度 1990～2006 年微观企业层面数据得到的结论，也不支持出口学习效应。

表 2－4　　　　　　　　　不支持出口学习效应的文献统计

代表人物	数据	方法	结论
贝纳德和詹森（Bernard，Jensen，1995）	美国制造业 1976～1987 年的微观企业数据	线性模型	不支持出口学习效应
阿诺德和哈森格（Arnold，Hussinger，2005）	德国 1992～2004 年的微观企业数据	匹配法	
埃利亚松等（Eliasson et al.，2009）	瑞典制造业 1997～2006 年的中小企业层面数据	倍差匹配	
洛吉和瑞查得符里（Ranjan，Raychaudhuri，2011）	印度 1990～2006 年的微观企业层面数据	匹配	

资料来源：笔者根据相关文献整理而得。

（三）出口学习效应结论模糊的文献综述

表 2－5 对出口学习效应结论模糊的研究文献进行了统计，主要包括以下几类：

第一种类型是出口学习效应的国别差异，主要是指对多个国家数据进行研究的文献。例如，克莱里季斯等（Clerides et al.，1998）等同时对哥伦比亚 1981～1991 年的数据、墨西哥 1986～1990 年的数据以及摩纳哥

1984～1991 年的数据的出口学习效应进行了分析，结论却大相径庭，哥伦比亚和摩纳哥的出口企业在开始出口后的劳动生产率获得了改进，但墨西哥的数据却证明了并不存在出口学习效应。

表 2－5 出口学习效应结论模糊的文献统计

代表人物	数据	方法	结论
克莱里季斯等（Clerides et al.，1998）	哥伦比亚 1981～1991 年的微观企业数据、墨西哥 1986～1990 年的微观企业数据、摩纳哥 1984～1991 年微观企业数据	线性模型	出口学习效应依出口国的不同而不同
汉森和伦典（Hansson，Lundian，2004）	瑞典 1990～1999 年的微观企业数据	线性模型	出口学习效应依生产率的测量指标不同而不同
法里纳和马丁-马克（Farinas，Martin-Marcos，2003）	西班牙 1990～1999 年的微观企业数据	线性模型	
艾斯古德（Isgut，2001）	哥伦比亚 1981～1991 年的微观企业数据	线性模型	出口学习效应依出口时间的不同而不同
克雷（Kraay，2002）	中国 1988～1992 年的 2105 家工业企业数据	线性模型	
格林纳威和科内尔（Greenaway，Kneller，2003）	英国 1989～2002 年的微观企业数据	倍差匹配法	
达米安等（Damijan et al.，2004）	斯诺文尼亚 1984～1991 年的微观企业数据	线性模型	
阿门多拉等（Amendolagine et al.，2008）	意大利 1995～2003 年的制造业微观企业数据	倍差匹配法	

资料来源：笔者根据相关文献整理而得。

第二种类型是出口学习效应依采用的生存率测量指标而不同。例如，汉森和伦典（Hansson，Lundian，2004）基于瑞典 1990～1999 年微观企业数据并采用多种指标测量企业生产率后考察了其出口学习效应是否存在。结论显示，出口企业与非出口企业出口后在全要素生产率增长上没有显著差异，而出口企业的劳动生产率则高于非出口企业。法里纳和马丁-马克（Farinas，Martin-Marcos，2003）的研究结论则不同，文献在对西班牙 1990～1999 年的微观企业数据进行分析后，发现出口企业相比非出口企业劳动生产率有显著提高，但劳动生产率的增长率和全要素生产率并没有显著不同。

第三种类型是出口学习效应依出口时间而不同。这类结论的文献较多，但结论也不尽相同。部分文献认为，出口学习效应与出口时间呈正相关，即随着出口时间越长，出口企业的生产率提高得越快。例如，艾斯古德（Isgut，2001）采用线性模型研究了哥伦比亚1981～1991年的微观企业数据结果发现，在出口的一年之内，出口企业和非出口企业劳动生产率的增长率并无显著差异，但出口企业在出口后的五年中劳动生产率增长率快于非出口企业1.5%。克雷（Kraay，2002）在研究中国1988～1992年的2105家工业企业数据之后，发现出口学习效应仅存在于那些已出口一定年限的出口企业，而对于刚出口的企业不显著，偶尔还存在负的影响。格林纳威和科内尔（Greenaway，Kneller，2003）采用对英国1989～2002年的微观企业数据的研究，也得到了出口学习效应与出口时间正相关的结论。达米安等（Damijan et al.，2004）运用斯诺文尼亚1984～1991年的微观企业数据得到的结论则恰好相反，结论显示为出口学习效应仅在短期存在，以后随着时间的推移将消失。另外，他们还发现，出口学习效应仅在那些出口到发达且高工资收入的出口目的国市场的企业中存在。阿门多拉等（Amendolagine et al.，2008）采用前沿的倍差匹配法分析了意大利1995～2003年制造业微观企业的数据，也发现出口学习效应仅在短期内存在，具体结论如下：无论采用劳动生产率还是全要素生产率对其企业绩效进行测量，匹配法和倍差法检验的结果都显示，刚出口的企业相比非出口企业，在第一期（样本中的连续两年）的企业绩效都提高了，但这种提高效应在第二期便消失。

二、出口经验对出口地理广化影响研究的文献综述

出口地理广化和出口产品广化是出口扩展边际增长中的两个方向，对一国出口持续稳定增长具有重要意义。伊文奈特和维纳布尔斯（Evenett，Venables，2003）曾对23个发展中经济体1970～1997年的出口增长率进行分解后发现，接近1/3的增长率来源于存在已久的可供出口产品出口到新的相近贸易伙伴国的贸易，他们把这种现象称为"贸易的地理扩散"。

同时，他们还发现，尽管国与国之间有细微差异，平均来说，接近10%的贸易增长率来源于新产品的扩张，因此，强调这种现象应引起更多的重视和关注。

较早研究出口经验对市场进入成本的影响文献中，罗伯茨和蒂博特（Roberts，Tybout，1995）通过研究哥伦比亚企业的数据发现，停止出口一年之后的企业再次进入出口目的国市场的进入成本低于首次进入出口目的国市场的出口企业。另外，该文献还发现，当企业停止出口超过一年若再次进入出口目的国市场的进入成本则和新企业的进入成本没有显著差异。值得注意的是，他们的研究并没有区分企业的出口目的国市场是否为新市场，也没有说明出口经验的增加是否促进了新市场的开拓，但是它们说明出口经验降低了出口企业进入出口目的国市场的进入成本，从而促进出口。

关于出口经验对出口地理广化影响的研究文献较多。伊文奈特和维纳布尔斯（Evenett，Venables，2003）采用拓展的引力模型研究了1970～1997年23个发展中国家HS－3位层面的产品出口数据后发现，传统引力变量中出口国和出口目的国之间的地理距离，是否使用共同语言以及出口目的国的市场规模等仅部分地解释了发展中经济体的产品进入新海外市场的原因。他们还发现，潜在出口市场与已出口目的国市场之间的相似性是决定企业是否将产品出口到新市场的另一关键因素。例如，地理距离的相似性、共同语言使用的相似性以及是否具有共同边界等，每种因素都便利了出口地理广化，尤其是是否具有共同边界在出口学习效应中发挥的作用最大。这说明，产品出口的地域扩张存在明显的路径依赖模式。伊顿（Eaton，2007）等利用1996～2005年哥伦比亚的企业数据研究得到以下结论，新出口商在出口初期仅在某个出口市场出口，如果他们能继续生存下来，将逐渐扩散至那些与先前出口目的国市场地理上邻近的目的国市场，这些出口商继续生存下来的可能性取决于他们在初始目的国市场的学习经验。博彻特（Borchert，2007）采用1989～2001年墨西哥的HS－6位产品层面的出口数据研究发现，从墨西哥到美国的出口为其产品随后的出口路径提供了方向。卡斯塔尼诺（Castagnino，2010）使用阿根廷2002～2006年企业—产品—出口目的国对的出口数据，并建立了模型研究后发现，如果在相似的目的国市场间可以分担沉没成本，那么，企业将倾向于选择进入那些有过相似出口经验的出口市场。产品的适应成本与地理和文化上的市场相似性相关，质量的升级成本与收入水平的市场相似性相关。最后指出，如果忽视在国际市场上的企业出口经验，将导致低估进入新出口市场的难度。

阿尔瓦雷斯等（Álvarez et al.，2010）利用智利 1991～2001 年的企业—产品 HS－8 位—出口目的国对的数据，研究了过去的出口经验是否与出口地理广化和出口产品广化相关，文献研究发现，出口商的出口经验可以减少企业进入国际市场的成本。企业过去将某一产品出口到某一特定市场的出口经验将提高其将同一产品出口到另一市场以及将不同产品出口到同一目的市场的可能性。另外，该文献还发现，其他出口商的出口经验，也将显著影响该企业出口地理广化以及出口产品广化的决策。马拉尔等（Marales et al.，2011）采用矩不等式方法探讨了 1995～2005 年智利化学药品和制品行业的企业出口数据中存在的出口学习效应，发现企业出口的路径依赖于出口目的国与出口国之间的相似性以及潜在出口目的国与之前已出口目的国之间的相似性。阿尔博诺兹等（Albornoz et al.，2012）使用 2002～2007 年阿根廷的所有制造业企业的出口数据研究了有序出口的问题，由于出口到新市场的成本和盈利都具有不确定性，那么，企业一般会选择周边的国家作为"试验地"，然后，逐渐扩张到更大或更远距离的海外市场，即有序出口。在其扩张路径中的有序性，体现在依赖于老出口市场的出口经验上。劳利斯（Lawless，2013）通过对出口经验的不同测量方法，研究了 2000～2007 年爱尔兰的 1703 个企业的出口调查数据的出口学习效应，发现所有的测量方法都证实出口经验提高了进入新市场的可能性，并减小了退出市场的概率。其中，基于地理距离相似性测量的出口经验的效应最大，另外，出口经验降低进入"门槛"，从而导致与新出口市场地理邻近的老市场出口经验反而阻碍了企业在新进入市场的出口销售。康（Kang，2013）基于出口目的国市场的选择问题，选用韩国 2000～2006 年 HS－10 分位产品层面的出口数据进行了研究，得到了如下结论，目的国市场的 GDP 规模，与出口国之间的地理距离、本地的分销成本、本地的语言、制度质量以及当地出口促进机构的存在，都将与出口目的国的选择相关。

王和赵（Wang，Zhao，2013）基于 CEPIIBACI 数据库中国 1998～

2010 年的 HS－6 位产品层面的出口数据，研究了出口经验对中国产品出口的影响，结果表明，产品以往的出口经验能显著地促进产品进入与老出口市场地理邻近或文化相似的新出口市场，且出口经验的这种正向效应主要表现在已经出口的产品、成功出口的产品和出口至同一市场的同一 HS－4 位产品内部。陈勇兵等（2014）基于拓展的梅里兹（Melitz，2003）异质企业贸易模型，利用 2000～2006 年中国海关数据库的企业—出口市场对层面的出口贸易数据，从地理和文化两个维度定义出口市场之间相似性以构建出口经验指标。在此基础上，开创性地利用多项选择条件 Logit 模型重点考察和比较了企业对与新出口市场地理邻近或文化相似的老市场出口的经验对其进入该新出口市场的影响。结果表明，出口经验对企业开拓新出口市场有显著正效应，企业倾向于选择与老出口市场地理邻近或文化相似的新出口市场建立贸易关系，即企业出口的地理广化存在明显的路径依赖。綦建红和冯晓洁（2014）利用 2000～2011 年中国海关的 HS－6 产品数据，也得到了企业倾向于选择那些与其之前出口市场地理相近、文化相似、经济相似的国家作为新进入市场的结论。

表 2－6　　　　　　出口经验对出口地理广化影响的文献统计

代表人物	数据	结论
伊文奈特和维纳布尔斯（Evenett，Venables，2003）	1970～1997 年 23 个发展中国家 HS－3 位层面的产品出口数据	传统引力变量仅部分地解释了发展中经济体的产品进入新海外市场的原因，潜在出口市场与已出口目的国市场之间的相似性是决定企业是否将产品出口到新市场的另一关键因素
伊顿（Eaton，2007）	1996～2005 年哥伦比亚的企业数据	新出口商在出口初期仅在某个出口市场出口，然后，逐渐扩散至那些与先前出口目的国市场地理上邻近的目的国市场
博彻特（Borchert，2007）	1989～2001 年墨西哥 HS－6 位产品层面的出口数据	从墨西哥到美国的出口为其产品随后的出口路径提供了方向
卡斯塔尼诺（Castagnino，2010）	2002～2006 年阿根廷企业—产品—出口目的国对的出口数据	如果在相似的目的国市场间可以分担沉没成本，那么，企业将倾向于选择进入那些有过相似出口经验的出口市场

代表人物	数据	结论
阿尔瓦雷斯等（Ál-varez et al.，2010）	1991～2001 年智利企业—产品 HS－8 位—出口目的国的数据	企业过去的出口经验将提高其将同一产品出口到另一市场以及将不同产品出口到同一目的市场的可能性。另外，其他出口商的出口经验也将显著影响该企业出口地理广化以及出口产品广化的决策
拉赫曼（Rakhman，2010）	1994～1998 年 75 个出口国家 3 位的 SITC.2 的行业贸易数据	先前的出口经验提高了行业新市场进入的可能性，但是，这种效应随时间的延长而消失
马拉尔等（Marales et al.，2011）	1995～2005 年智利化学药品和制品行业的企业出口数据	企业出口的路径依赖于出口目的国与出口国之间的相似性以及潜在出口目的国与之前已出口目的国之间的相似性
阿尔博诺兹等（Al-bornoz et al.，2012）	2002～2007 年阿根廷所有制造业企业的出口数据	出口到新市场的成本和盈利都具有不确定性，那么，企业一般会选择周边的国家作为"试验地"，然后，逐渐扩张到更大或更远距离的海外市场，即有序出口。在其扩张路径中的有序性体现在依赖于老出口市场的出口经验上
劳利斯（Lawless，2013）	2000～2007 年爱尔兰 1 703 个企业的出口调查数据	所有的测量方法都证实出口经验提高了进入新市场的可能性，并减小了退出市场的概率。另外，与新出口市场地理邻近的老市场出口经验阻碍了企业在新进入市场的销售
王 和 赵（Wang，Zhao，2013）	1998～2010 年中国 HS－6 位产品层面的贸易数据	产品以往的出口经验能显著地促进产品进入与老出口市场地理邻近或文化相似的新出口市场
康（Kang，2013）	2000～2006 年韩国 HS－10 分位的产品层面的出口数据	目的国市场的 GDP 规模，与出口国之间的地理距离，本地的分销成本，本地的语言，制度质量以及当地出口促进机构的存在都将与出口目的国的选择相关

代表人物	数据	结论
陈勇兵等（2014）	1995～2010年中国HS-6分位产品出口贸易数据	出口持续时间可以促进产品进入新市场，更重要的是，出口持续时间与新市场进入之间存在一种倒"U"形曲线的关系
陈勇兵等（2014）	2000～2006年中国海关数据库企业—出口市场对层面的出口贸易数据	出口经验对企业开拓新出口市场有显著的正效应，企业倾向于选择与老出口市场地理邻近或文化相似的新出口市场建立贸易关系
綦建红和冯晓洁（2014）	2000～2011年中国海关HS-6产品数据	企业倾向于选择那些与其之前出口市场地理相近、文化相似、经济相似的国家作为新进入的市场

资料来源：笔者根据相关文献整理而得。

三、出口经验对出口产品广化影响研究的文献综述

如果说出口经验对出口地理广化的影响关注了企业或产品地理扩张的路径依赖模式，即企业的产品扩张到"哪"的问题，那么，出口经验对出口产品广化影响关注的则是企业产品类型扩张的路径依赖，即企业的"什么产品"扩张到出口市场的问题。这类研究文献相对前者来说较少。这类文献研究不约而同地提出了产品距离或产品空间的概念。本书借用祁春节和万金（2012）的产品距离定义。根据各产品的生产要素替代性的差异程度大小，生产这一行为在不同产品间转移的难易程度不同。因此，假定任意两种产品甲和乙，由于生产两种产品均要求差异化的要素投入，如实物资本、知识、劳动力技能、中间投入、产权、基础设施等，因此，生产从甲向乙转移比同样生产甲产品显然更具有难度。这种由要素投入相似性所决定的生产在产品间转移的难易程度就称为产品距离，要素投入相似性越高，产品距离就越近，反之就越远。

豪斯曼和科林格（Hausmann，Klinger，2007）采用详细的双边贸易数据测量了产品对之间的产品距离，并发现，当一个国家调整其出口结构

时，倾向于将出口结构调整为与之前出口产品关联性比较强的相关产品而不是那些非关联产品，与之前出口产品的相关产品相比非关联产品而言，进入出口目的国市场的成本更低，从而之前出口产品的出口经验将更能促进这些关联产品进入出口目的国市场。这种产品之间的关联性，在利莫尔（Leamer，1984）和拉尔（Lall，2000）中，被解释为产品的要素密集度的相似性或技术先进性的相近性。伊达尔戈等（Hidalgo et al.，2007）基于 1998~2000 年所有国家的 775 种 SITC-4 位数的行业产品出口数据的研究得到了如下结论，经济体的增长都是通过升级它们生产和出口的产品来实现的，而它们升级的过程存在明显的路径依赖，即偏向于那些与现有产品结构相关度较高的产品进行升级。罗纳德等（Ronald et al.，2010）使用美国 1984~1996 年仿制药出口市场决策的调查数据进行研究。结论显示，某种产品的出口经验将促进相关产品在出口市场上的出口绩效，未来的出口产品广化中存在显著的溢出效应。平均而言，每次产品的市场进入将为下一次产品的扩张降低 7% 的成本。

庞赛特和沃尔德马（Poncet，Waldemar，2012）采用中国 2000~2006 年企业层面的出口数据为相关产品出口经验的溢出效应提供了的实证证据。他们发现，与本地生产结构关联性强的产品的出口增长率高，产品距离较近的产品出口中将共同产生知识的外部性、规模经济和范围经济，这些效应在解释中国出口主要绩效中发挥了显著作用。祁春节和万金（2012）利用 2000~2010 年中国对 52 个目的国的 65 种细分农产品数据进行分析发现，农产品空间分布是不均匀的，不同品种间的距离有差异，产品密集度对农产品比较优势的变动具有正面影响。

表 2-7　　　　出口经验对出口产品广化影响的相关文献统计

代表人物	数据	结论
豪斯曼和科林格（Hausmann，Klinger，2007）	美国 1962~2000 年 SITC4 位数层面的 1006 种产品出口数据	当一个国家调整其出口结构时，倾向于将出口结构调整为与之前出口产品关联性比较强的相关产品而不是那些非关联产品
伊达尔戈等（Hidalgo et al.，2007）	1998~2000 年所有国家的 775 种 SITC-4 位数行业产品出口数据	经济体的增长都是通过升级它们生产和出口的产品来实现的，而它们升级的过程存在路径依赖

代表人物	数据	结论
阿尔瓦雷斯等（Álvarez et al.，2010）	智利1991～2001年企业—产品HS-8位—出口目的国的数据	企业过去的出口经验将提高其将同一产品出口到另一市场以及将不同产品出口到同一目的市场的可能性。另外，其他出口商的出口经验，也将显著影响该企业出口地理广化以及出口产品广化的决策
罗纳德等（Ronald et al.，2010）	美国1984～1996年仿制药的出口市场决策数据	结论显示，某种产品的出口经验将促进相关产品在出口市场上的出口绩效，未来的出口地理广化中存在显著的溢出效应。平均而言，每次产品的市场进入将为下一次市场的开拓降低7%的成本
拉赫曼（Rakhman，2010）	1975～2000年89个国家SITC 4位数层面的行业贸易数据	使用三种方法衡量产品距离的邻近度计算出口经验，结论显示，邻近度较大的行业产品的出口经验对新行业产品的扩张具有显著的促进效应
庞赛特和沃尔德马（Poncet，Waldemar，2012）	中国2000～2006年企业层面的出口数据	与本地生产结构关联性强的产品的出口增长率高，产品距离较近的产品出口中将产生知识的外部性、规模经济和范围经济，这些效应在解释中国出口主要绩效中发挥了显著作用
万金和祁春节（2012）	中国2000～2010年对52个经济体的65种细分农产品数据	农产品空间分布是不均匀的，不同品种间的距离有差异；产品密集度对农产品比较优势的变动具有正面影响

资料来源：笔者根据相关文献整理而得。

由于在研究产品出口经验对出口产品广化影响文献中，产品距离的衡量是个关键步骤，因此，表2-8对产品距离衡量指标的相关文献进行了统计。关于专利引用的相似性和纵向的投入产出关系两个指标，豪斯曼和科林格（Hausmann，Klinger，2007）曾指出，这两种特定维度的测量方法都可能被其他维度的测量所主导。例如，投入要素组成的相似度是否比销售到同一市场的相似度重要，或者引用专利的相似度是否比同种类型的基础设施和制度环境的需求相似度重要都不清晰。同时，由于基于产品层

面的专利引用数据和投入产品比数据难以获得，这两种方法较少采用。第
三种指标——SITC 码的相似性，拉赫曼（Rakhman，2010）选用该指标来
计算产品距离，认为 SITC 分类系统在分类过程中已按照共同性对各行业
产品进行按次序分类，两种具有前三位相同码的 SITC 4 位数产品很可能
比具有前两位相同码的产品拥有更多共同性。例如，SITC 6851 和 SITC
6852（未锻造铅和铅合金以及已加工的铅和铅合金）相比 SITC 6851 和
SITC 6861（未锻造铅和铅合金以及未锻造锌及锌合金）。第三种和前两种
一样，都是一种通过先验的有关相似性维度的测量方法，并不是基于变动
结果的测量方法。而 RCA 指数，即显示性比较优势指数指一个国家同时
出口两种产品的条件概率的最小值来表示，因此，它是通过国家已发现的
两种商品出口销售中显示性比较优势的可能性来反映的商品所需特定资源
的相似性。这是一种基于变动结果的测量方法，因此应更为科学合理。豪
斯曼和科林格（Hausmann，Klinger，2007），伊达尔戈等（Hidalgo et al.，
2007），拉赫曼（Rakhman，2010），庞赛特和沃尔德马（Poncet，Walde-
mar，2013）以及万金和祁春节（2012）的研究中，都使用了 RCA 指数来
测量产品之间的距离。

表 2 - 8　　　　　　　　　　对产品距离衡量指标的相关文献统计

文献	产品距离的衡量指标
贾菲（Jaffe，1986） 卡巴莱罗和贾菲（Caballero，Jaffee，1993） 拉赫曼（Rakhman，2010）	专利引用的相似性
迪特巴切尔和拉尔（Ditezenbacher，Lahr，2001）	纵向的投入产出关系
拉赫曼（Rakhman，2010）	SITC 码的相似性
豪斯曼和科林格（Hausmann，Klinger，2007） 伊达尔戈等（Hidalgo et al.，2007） 拉赫曼（Rakhman，2010） 庞赛特和沃尔德马（Poncet，Waldemar，2013） 万金和祁春节（2012）	RCA 指数，用一个国家同时出口两种产品的条件概率的最小值来表示

资料来源：笔者根据相关文献整理而得。

四、出口经验对出口广化影响研究文献的简要述评

关于出口学习效应经验性研究结论的文献，大部分关注出口企业的出

口经验对其企业自身生产率的作用及影响，但较少关注本书的主题——出口经验对企业出口地理广化和出口产品广化的影响。

出口经验对出口地理广化的综述文献中，均通过不同国家、不同层面的数据以及不同的方法证明了出口经验对出口地理广化的促进作用，但是，他们对出口经验的测量大多采用基于地理和文化维度的出口参与度、过去出口产出比、过去累积出口额以及出口市场数量来计算，本书在出口经验的测量上则采用贸易持续时间的维度进行测量。自比瑟德和普吕萨（Besedeš，Prusa，2006a）引入贸易持续时间的概念之后，贸易持续时间越来越受到学者们的关注和重视。它是在微观层面对企业或产品出口动态行为的一种反应，是对出口经验测量的一种重要维度。例如，拉赫曼（Rakhman，2010）率先采用出口持续时间维度对出口经验进行测量，并利用 1994～1998 年 75 个出口国家 3 位的 SITC.2 的行业数据对出口经验对于出口地理广化的影响进行研究，先前的出口经验提高了行业新市场进入的可能性，但是，这种效应随时间的延长而消失。陈勇兵等（2014）基于 1995～2010 年中国的 HS-6 分位数产品出口数据，运用 Logit 回归模型研究先前的出口持续时间对于产品进入新市场概率的影响。研究发现，出口持续时间可以促进产品进入新市场，且出口持续时间每增加一年，产品进入新市场的概率将提高 0.17 倍，更重要的是，出口持续时间与新市场进入之间存在一种倒"U"形曲线的关系。本书关于出口经验对出口地理广化的影响研究与现有文献的主要区别体现在：第一，本书采用出口持续时间为基础测量出口经验；第二，区别于拉赫曼（Rakhman，2010）的研究，本书采用更为细化的中国 HS-6 分位产品层面的出口数据作为研究对象；第三，区别于陈勇兵等（2014）的研究，本书在对出口持续时间的测量过程中，采用更为细化的地理距离、人均 GDP 以及贸易额进行分别加权计算，使出口经验的测量更加科学合理。

关于出口经验对出口产品广化的综述文献，首先，都没有区分新产品和旧产品，即哪些为已出口过的产品，哪些为未曾出口过的产品；其次，少有文献对出口目的国市场进行区分，即对该产品出口的新市场或旧市场进行区分；再次，并没有强调产品间邻近度较近产品的出口经验对出口产品广化的影响效应，仅仅研究其对出口绩效的影响，或者研究比较优势的变动，等等；最后，出口经验的测量，大部分也采用累积出口额度以及出口产品种类数等。拉赫曼（Rakhman，2010）基于已出口产品的出口经验对出口产品广化影响的研究，则在此基础上区分了新产品和旧产品，并开创性地采用了出口持续时间维度来测量出口经验。他采用1975～2000年89个国家的SITC4位数层面的行业贸易数据，使用专利引用的相似性、RCA指数以及SITC码的相似性三种方法衡量产品距离的邻近度后，对出口持续时间进行加权计算出口经验。结论显示，邻近度较大的行业产品出口经验，对新行业产品的扩张具有显著的促进效应。

　　本书关于产品的出口经验，对出口产品广化的影响研究与现有文献的主要区别体现在：第一，本书参考拉赫曼（Rakhman，2010）对出口经验的测量方法，采用出口持续时间进行测量；第二，对新旧产品进行了区分，即已出口过产品和潜在出口产品，从而更清晰地探讨了已出口过产品的出口经验对潜在出口产品进入同一出口国市场的影响；第三，区别于拉赫曼（Rakhman，2010）的研究，本书的数据首先，采用中国更为细化的HS‑6位数层面的出口数据进行研究，将为产品出口经验对出口产品广化的影响研究提供详细的中国证据；其次，参考豪斯曼和科林格（Hausmann，Klinger，2007）分析的产品距离衡量指标的选用标准，本书仅采用RCA指数测量产品间的邻近度。

第三章　相关理论基础

第一节　贸易持续时间的相关理论基础

已有的贸易理论并不能恰当地解释贸易持续时间短暂现象的存在，甚至与其相悖。例如，传统贸易理论中的比较优势理论以及要素禀赋理论，根据这两种理论，贸易是基于一国劳动生产率的比较优势或两国要素禀赋的比较优势而发生的。无论是劳动生产率的比较优势还是要素禀赋的比较优势的改变都是渐进的，因而贸易方向的转变也是缓慢的，并不会在短暂的三五年之内完全发生改变。现代贸易理论中的克鲁格曼（Krugaman，1985）规模经济理论[1]解释了贸易发生的原因是随着生产规模的扩大，单位产品成本发生了递减从而取得成本优势，最终导致专业化生产并出口该产品。这种规模经济带来的成本优势也不会在短时间内消失，更不会出现成本优势消失之后又出现的现象。一个贸易关系在现实贸易中存在多个持续时间段的现象，规模经济理论很难做出解释。鲍德温和克鲁格曼（Baldwin，Krugman，1989）的贸易滞后模型表明，沉没成本的存在使企业在出口后不会轻易退出目的市场，从而在市场上维持较长的时间，这也与现实不符。弗农（Vernon，1966）的产品生命周期理论，解释了贸易模式动态变化的现象。[2] 该

---

① 规模经济理论的详细内容请参见 . Helpman E. Krugman, Market Structure and Foreign Trade. *Increasing Returns*, *Imperfect Competition*, *and the International Economy*, *Cambridge*, *Mass.* + *London*. 1985.

② 产品生命周期理论的详细内容请参见 . Vernon, Raymond. International Investment and International Trade in the Product Cycle. *The quarterly journal of economics*, Vol. 80, No. 2, 1966, pp. 190 – 207.

理论指出，国际贸易的产品流动方向由其所处的生命周期阶段以及不同国家的比较优势决定，该理论将国际贸易理论与产品生命周期结合起来，使静态比较优势理论发展为动态比较优势理论，但这个生命周期每个阶段的转变也是缓慢的，也不能解释现今贸易关系如此丰富频繁的动态性。

　　21世纪国际贸易理论的最新进展为新新贸易理论的出现，该理论的研究思路主要有两条：一条是以梅里兹（Melitz，2003）为代表的异质企业模型；另一条是以安特拉斯（Antras，2003）为代表的企业内生边界模型。与本书相关的主要为梅里兹（Melitz）模型，Melitz模型阐明并解释了企业的差异性与国际贸易发生的因果关系，生产率高的企业出口，生产率较低的企业仅服务于国内市场。该模型将贸易理论的研究引入一个异质企业的微观分析框架，为之后的国际贸易理论分析和实证分析提供了重要的微观分析基础。在异质企业贸易理论的基础上，劳奇和沃森（Rauch，Watson，2003）、布伦顿（Brenton，2009）等加入了信息不完全导致的信息搜寻成本以及出口市场进入和维持成本等一系列假设，能更好地解释贸易持续期短暂的原因。本节首先，介绍梅里兹（Melitz，2003）开创的异质企业模型；其次，介绍劳奇和沃森（Rauch，Watson，2003）基于信息不完全的条件提出的搜寻成本理论。

一、梅里兹（Melitz，2003）为代表的异质企业模型

　　梅里兹（Melitz，2003）为异质企业贸易模型的构建，做出了开创性的研究。梅里兹（Melitz，2003）建立的异质企业动态产业模型，以霍彭哈恩（Hopenhayn，1992）一般均衡框架下的垄断竞争动态产业模型为基础，通过加入企业生产率差异的假设扩展了克鲁格曼（Krugaman，1980）的贸易模型，用来揭示国际贸易中出口决策行为和企业的差异之间的关系。异质企业贸易模型基于异质性企业的假定，探讨了开放的贸易将引致仅仅具备高生产率的企业选择出口，而较低生产率的企业选择为国内市场生产，更低生产率的企业只能退出市场的现象及原因。它同时说明了产业内的贸易开放将导致优胜劣汰，从而引起企业间资源重新配置，资源的重新配置又将使整体产业的平均生产率增长，因而，强调了之前理论并没有考察过的贸易利益的来源渠道。该模型的基本框架为：

（一）需求函数

该模型假定产品连续分布，每个企业生产一种差异性产品，并且，企业的生产率都是不同的，这些产品之间都是可替代的，且替代弹性为常数，那么，一国某一消费者基于连续的产品指数 n 的固定替代弹性效用函数为：

$$U = \left[\int_{n \in \Omega} q(n)^\rho \mathrm{d}n \right]^{1/\rho} \qquad (3-1)$$

在式（3-1）中，Ω 表示包括所有产品的产品集，这些产品之间相互可以替代，意味着 $0 < \rho < 1$，任何两种产品之间的替代弹性为 $\sigma = 1/(1-\rho) > 1$。根据迪克西特和斯蒂格里茨（Dixit，Stiglitz，1977），消费者行为可以将一系列产品看成与一个总价格相关联的一件总产品 $Q \equiv U$ 的形式建模：

$$P = \left[\int_{n \in \Omega} p(n)^{1-\sigma} \mathrm{d}n \right]^{1/1-\sigma} \qquad (3-2)$$

在式（3-2）中，P 为产品的总价格，那么，可以推出最优的消费行为的选择：

$$q(n) = Q \left[\frac{p(n)}{p} \right]^{-\sigma} \qquad (3-3)$$

$$r(n) = R \left[\frac{p(n)}{p} \right]^{1-\sigma} \qquad (3-4)$$

在式（3-4）中，$R = PQ = \int_{n \in \Omega} r(n)\,\mathrm{d}n$ 用来定义总的消费支出。

（二）生产函数

假设企业具有连续性，且生产中仅使用一种生产要素即劳动力，它以 L 为总水平无弹性的供应，企业的技术水平由间接固定成本、边际成本为常数的成本函数表示，使用的劳动力因而是产出 q 的线性函数，企业可变生产成本随生产率的提高而降低，但却具有相同的固定生产成本。因此，劳动力的需求公式为：

$$l = f + q/\varphi \qquad (3-5)$$

在式（3-5）中，l 表示所需的劳动力，f 表示固定成本，q 为产品产量，φ 则为生产率。由于固定生产成本的存在，产量越高，单位生产成本将越小，因而企业就具有了规模经济。另外，生产率越高的企业，相同产量的生产所需的劳动力将越少，进而成本也将越低。

为了简单起见，更高的生产率以更低的边际成本生产出对称的产品来表示，当然，也可以表示为以相同的成本生产出更高质量的产品，无论生产率为多少，每个企业都有一条以 σ 为不变弹性的剩余需求曲线，因而，为了实现利润最大化等于 $\frac{\sigma}{\sigma-1}=1/\rho$，这将产生一个价格方程：

$$p(\varphi) = \frac{n}{\rho\varphi} \qquad (3-6)$$

在式（3-6）中，n 为标准化为 1 之后的共同工资率。企业利润为：

$$\pi(\varphi) = r(\varphi) - l(\varphi) = \frac{r(\varphi)}{\sigma} - f \qquad (3-7)$$

在式（3-7）中，$r(\varphi)$ 是企业的收益，$\frac{r(\varphi)}{\sigma}$ 是可变利润，因而，$\pi(\varphi)$ 也依赖于式（3-3）和式（3-4）的总价格和总收益。

$$r(\varphi) = R(P\rho\varphi)^{\sigma-1} \qquad (3-8)$$

$$\pi(\varphi) = \frac{R}{\sigma}(P\rho\varphi)^{\sigma-1} - f \qquad (3-9)$$

另外，任何两个企业的产量和收益的比率，仅依赖于其生产率的比率：

$$\frac{q(\varphi_1)}{q(\varphi_2)} = \left(\frac{\varphi_1}{\varphi_2}\right)^{\sigma} \qquad (3-10)$$

$$\frac{r(\varphi_1)}{r(\varphi_2)} = \left(\frac{\varphi_1}{\varphi_2}\right)^{\sigma-1} \qquad (3-11)$$

在利润最大化和效用最大化的条件下，通过对上述函数的变形，将能得到如下结论：企业的生产率越高，则产量越高，制定的价格将更低，获得的利润也将超过较低生产率的企业。

梅里兹模型阐明并解释了企业的差异性与国际贸易发生的因果关系，生产率高的企业出口，生产率较低的企业服务于国内市场，因此，可以简单地解释现实贸易矩阵中的许多零点贸易的现象，但是，企业的生产率优势并不会在短期内消失，也就不会在进入出口目的国市场后立即退出，因而梅里兹模型并没有解释贸易持续时间短暂的原因。近年来，贸易理论的发展都专注于异质性企业和出口开拓以及贸易成本的减少如何将资源由低生产率企业向高生产率企业进行转移等。但学术界很少关注企业在进入出口目的国市场后，在短期内又终止出口行为的原因。关于企业出口行为的研究文献，都是在广泛的企业调查信息基础上，倾向于关注出口商与非出口商之间的异质性以及被观测出口商的高生产率究竟是进入外部市场的原因还是结果，而关于出口商参与贸易之后行为演变的研究文献则非常缺少。

自从比瑟德和普吕萨（Besedeš，Prusa，2006a）通过美国的进口贸易发现持续时间的短暂问题之后，大量的研究开始通过经验研究探讨贸易流量之所以不能长期生存的原因。布伦顿（Brenton，2009）等指出，这些在成功的出口进入行为中必要的信息和对市场的了解程度有可能在解释退出行为时同样重要。如果企业关于出口某种产品到某个市场的固定成本信息缺乏，或者对于这些成本可以实现的价值具有不确定性，那么，处于出口边缘且相对较低生产率的企业出口之后又可能发现自己并不能在出口市场继续生存，从而退出出口目的国市场。事实上，缺少完善的市场信息，企业有可能将进入市场作为一种信号机制来了解准确的出口市场成本，一旦发现不能获利，从而退出出口目的国市场。在这种情况下，进入的企业数量相对较少，而退出的企业则较多。短期内的市场进入与退出波动反映了买卖双方的搜寻过程，这个过程对于供应商与海外市场的需求者的匹配非常必要。①

当出口成本信息是已知的或者是可以低成本获得的，那么，本书更有可能看到大规模的出口，短期内退出的现象应该也不频繁。其他产品的出口商在某一特定海外市场的数量越多，或者出口商在出口某一特定产品中获得的出口经验越多，那么，出口成本信息获得就越容易。近来，大量文献已在寻找不完全信息影响出口进入和退出动态中所发挥的作用。劳奇和沃森（Rauch，Watson，2003）通过建立搜寻成本模型阐述了搜寻成本与出口动态行为之间的关系，随后对其模型将做详细分析。另外，阿罗约和奥尼拉斯（Araujo，Ornelas，2005）描述了在合同执行的弱点中与出口相关的信息获取成本，潜在的出口商在海外市场寻找与经销商的合作关系，但是，薄弱的制度环境却使一些对未来合作前景并不关心的经销商产生投机行为并违约。在这种环境中，注重长期利益的经销商则会通过始终建立

---

① 原因正如一位出口商说过："有时候出口的产品在市场上没有销路，有时候出口目的市场选择不当或者扩展市场的方法和选择的代理商不合适"（Rauch，1996）。

良好声誉的方式将自己与短视的经销商区分开来，因而，随着出口经验的积累，获得信息的成本开始下降。最初的出口流量虽比较小，但随着出口商越来越了解经销商的信誉以及他们在将来违约的可能性之后，出口流量会增加。因而，与经销商的合作关系越长，那么，出口退出的可能性将下降，这也从不完全信息的角度解释了持续时间中负的时间依存性现象。

在最近的研究中，阿尔博诺兹（Albornoz，2009）等提出企业仅在实际参与出口之后才能发现自己的盈利能力，根据企业的自我学习效应，他们调整出口量并决定是否退出以及是否出口新的目的市场。阿尔博诺兹（Albornoz，2009）等也从信息的不完全性角度解释了频繁的出口动态行为。爱德华（Edwards，2007）则讨论了贸易自由化对搜寻成本以及对买卖双方在海外市场匹配的影响效应。一旦搜寻过程持续较长时间，那么，一部分企业和经销商将长期合作，因而，对新的潜在贸易伙伴将不敏感。这也同样可以解释比瑟德和普吕萨（Besedeš，Prusa，2006）在美国进口贸易中发现的负的时间依存性特征。一旦贸易流量持续一段时间之后，贸易关系失败的可能性将变小，相比那些仍在寻找满意伙伴的企业和经销商而言，已建立的贸易关系可能对不同供应商的相对价格的变化较不敏感。

但以上的研究文献并没有通过建立理论模型来解释贸易持续时间短暂的现象，仅从经验分析的角度给予了证实，也就无法提供坚实的理论基础。其中，仅有劳奇和沃森（Rauch，Watson，2003）对此做了系统的理论分析。

二、R-W 搜寻成本模型

基于一个三阶段搜寻成本模型，劳奇和沃森（Rauch，Watson，2003）分析了信息不完全对贸易关系持续时间的影响，以下简称 R-W 模型。R-W 模型分为三个阶段：依次为搜寻、投资与再匹配。第一阶段，进口商在众多不同生产成本的潜在供应商中搜寻。当付出搜寻成本并与某供应商成功匹配之后，进口商即获知了供应商的成本信息，但对其能否完成大订单的能力并不确定。这种不确定性取决于供应商能否按照买方的各种规格完成大订单。第二阶段，进口商必须对供应商的培训进行投资，从而使其具备完成大订单的能力，但这种培训能否奏效并不确定。当然，进口商也可能让供应商先完成小订单以检测其生产能力，如果供应商无法完成则结束贸易关系。总而言之，买方有小订单和大订单两种选择方式。第三阶段，假设供应商能够完成大订单，双方已匹配成功，同时，进口商将借助这种合作关系从而获得供应商网络中其他供应商的情况，进而也可能开始新的搜寻与再匹配。因此，信息的不完全导致了进入与退出的频繁出现，短暂的贸易关系难以避免。以下为 RW 模型的主要内容。

劳奇和沃森（Rauch，Watson，2003）将发达国家对发展中国家的投资选择方式分为三种：①直接投资大订单（大订单）；②试点一个小订单，为将来大订单的成功提供信息（学习）；③拒绝现有合作伙伴并重新搜寻（退出）。

模型假设小订单的实施概率为 $r \in [0, 1]$，成本为 $c(r)$。关于大订单在投资当期结束时被证明成功或者失败的概率为 r，而没得到任何信息的概率为 $1-r$。为了简单起见，假定小订单在实施过程中除了能提供以上信息之外，再无其他任何信息。

为了更正式地描述三种投资方式的选择问题，以下将引入变量说明。每个投资伙伴的选择，都是基于以下数组 (π, p, I, c)。π 表示如果大订单成功时发达国家企业取得的总贴现利润，即成功的大订单每期将支付 $(1-\delta)\pi$，其中，δ 为企业的贴现率，如果大订单失败了，利润为 0。参数 p 为发达国家企业对大订单成功的预估概率。I 为发达国家企业投资大订单必需的投资额。最后，c 为 r 的严格凸函数，有 $c'(0) = 0$，$\lim_{r \to 1} c'(r) = \infty$。潜在投资伙伴群由以上数组的分布来定义。以下变量将被内生决定：

W 为任意从市场中选择某个目标伙伴得到的价值，包括搜寻成本；

U 为与给定投资伙伴相关的期望价值；

U^0 为拒绝当期投资伙伴的期望价值；

U^B 为向当期伙伴投资大订单的期望价值；

U^L 为向当期伙伴投资小订单的期望价值；

图 3-1 为发达国家企业投资决策的次序排列图。

为了求模型的解，以下将开始描述以 w 为固定值从群组中选择一般投资伙伴行为的优化过程，然后，通过将 w 参数内生化后完成求解。给定发达国家企业的目标、各变量说明以及图 3-1 之后，很明显，$u = \max\{u^B, u^L, u^0\}$，其中：

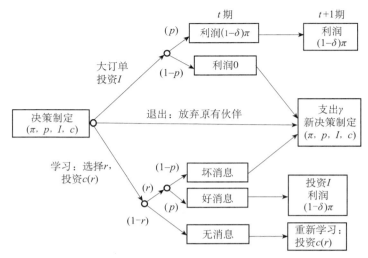

图 3－1　发达国家企业投资决策的次序排列

$$u^o = \delta w, \qquad (3-12)$$

$$u^B = p\pi + (1-p)\delta w - I, \qquad (3-13)$$

$$u^L = \max_r \left[r(p\delta(\pi - I) + (1-p)\delta w) + (1-r)\delta u^L - C(r) \right] \qquad (3-14)$$

U 取决于 (π, p, I, c) 和 w 值的大小。为了得到以下的结果，非常有必要对大订单、小订单以及退出三种投资方式的期望收益如何依赖潜在投资伙伴的特征 (π, p, I) 变化而变化进行估计。对于所有的 (π, p, I, c)，都有 $\pi - I > w$，因而，得到以下不等式：

$$\frac{\partial u^o}{\partial p} = 0 < \frac{\partial u^L}{\partial p} = \frac{r^* \delta \ (\pi - I - w)}{1 - \ (1 - r^*) \ \delta} < \frac{\partial u^B}{\partial p} = \pi - \delta w \delta; \qquad (3-15)$$

$$\frac{\partial u^o}{\partial \pi} = 0 < \frac{\partial u^L}{\partial \pi} = \frac{r^* p \delta}{1 - \ (1 - r^*) \ \delta} < \frac{\partial u^B}{\partial \pi} = p; \qquad (3-16)$$

$$\frac{\partial u^o}{\partial I} = 0 > \frac{\partial u^L}{\partial I} = \frac{-r^* p \delta}{1 - \ (1 - r^*) \ \delta} > \frac{\partial u^B}{\partial I} = -1; \qquad (3-17)$$

当然，如果 $\pi - I < w$，那么，最优的投资方式很明显就是退出。

从式（3－15）～式（3－17）以及图 3－2 可以看到，W^* 如何随潜在投资伙伴的特征 (π, p, I)，如果以大订单的投资方式获得更高利润 π 的可能性更大，那么，W^* 将略微增加。因为不等式（3－16）中 $\frac{\partial u}{\partial \pi} \geqslant 0$，因而，$Eu$（…，$w$）中所有的 w 将略微增加，引起图 3-2 中 W^* 也略微增加。同样的逻辑，如果以大订单的投资方式成功的概率 p 更大或者投资额度 I 更小，W^* 也将略微增加，因为不等式（3-15）和不等式（3-17）中 $\frac{\partial u}{\partial p} \geqslant 0$，$\frac{\partial u}{\partial I} \leqslant 0$。

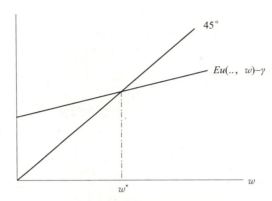

图 3-2　期望收益与 w 的变化

当确定一个潜在投资伙伴群的分布之后，接下来，考察大订单、小订单以及退出三种投资方式如何根据其特征来选择。图 3-3~图 3-5 说明了 u^B，u^L，u^o 三者在各变量（π,p,I,c）变化时的大小比较。在图 3-3 中，这三条线都是根据其他参数不变而 π 变化时的函数作出，图 3-4 和图 3-5 分别为其他参数不变而 p 和 I 变化时的函数作出的曲线图。不等式（3-15）~不等式（3-17）对这三条线的特征进行了定义，u^B，u^o 在图 3-3~图 3-5 三种情况下均为线性曲线，而 u^L 一直为凸向原点的曲线。

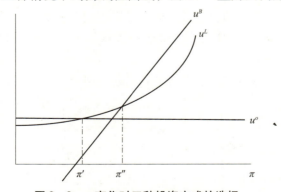

图 3-3　π 变化时三种投资方式的选择

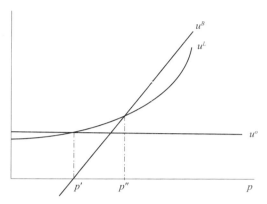

图 3 - 4　p 变化时三种投资方式的选择

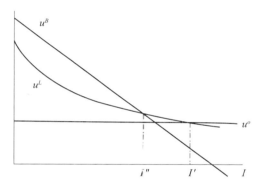

图 3 - 5　I 变化时三种投资方式的选择

从图 3 - 3 ~ 图 3 - 5 可以看出，在 π，p，I 中间一段取值区间，小订单的学习型投资方式最有利于投资伙伴，如果 π，p 的值太小，而 I 的值太高，那么，最有利的投资方式应该是退出现有投资伙伴的投资，从而重新选择，如果 π，p 的值太高而 I 的值太低，那么，最优的方式则是立即开始大订单投资。

为了证明当搜寻成本提高时发达国家企业将更倾向于选择小订单的方式选择贸易伙伴，令 w^* 和 $\hat{w}^*$ 分别是在搜寻成本 γ 和 $\hat{\gamma}$ 下从潜在贸易伙伴所获得的价值。其中，$\gamma < \hat{\gamma}$。从图 2.2 可知，$\hat{w}^* < w^*$。当在搜寻成本 γ 下选择贸易伙伴最优的方式为小订单方式时，就有 $u^L \geqslant u^B$，u^o，同时，由于包络定理和 $r^* < 1 - (1 - r^*)\delta$，可以推出 $\dfrac{\partial u^o}{\partial w^*} = \delta \geqslant \dfrac{\partial u^B}{\partial w^*} = (1 - p)\delta > \dfrac{\partial u^L}{\partial w^*}$

$$= \frac{r^* (1-p) \delta}{[1 - (1-r^*)\delta]}$$，因此，最后在更高的搜寻成本 $\hat{\gamma}$ 和 $u^L \geqslant u^B$，u^O 成立的情形下，小订单方式同样为最优的贸易伙伴选择方式，而且，相比更低搜寻成本而言，小订单方式的选择优势更大。因此，得到结论：搜寻成本越高，供应商满足买方需求的概率越低，那么，进口国的进口方更有可能以小订单的方式与出口商开始合作关系。这个模型也预测到以大订单方式开始的出口将更有可能具有更长的持续时间。这是因为买方趋向于与较低生产成本的供应商开启大订单，从而一般不会再去寻找新的供应商。比瑟德（Besedeš，2008）得到了与劳奇和沃森（Rauch，Watson，2003）类似的结论，即当初始贸易额的值越大时，贸易关系的持续时间将越长，因为更大的初始贸易额意味着更可靠的供应商，更低的搜寻成本，从而才会采购更大金额的订单，贸易持续时间将更长。

第二节 出口经验对出口广化影响的相关理论基础

亚当·斯密在《国富论》中提出，劳动分工似乎是直接导致劳动生产效率的最大提高以及在劳动过程中更大熟练程度、技巧水平及判断能力提升的主要原因。他分析并强调了分工对于生产率提高的重要性。生产过程中的分工通过不断重复某一生产行为从而能迅速提高工人的劳动熟练程度，进而提高工人的生产率。这应是最早的关于学习效应观点的提出，后来，克鲁格曼开创的规模经济理论中又指出，一国生产某种产品的生产规模可以引致该国该种产品的价格优势或成本优势，而不一定是由其技术水平差异，或者是因其要素禀赋的不同所引致。该理论强调的生产规模带来的成本降低，实质上也是分工后所产生的学习效应带来的。真正意义上提出学习效应的学者是阿罗（Arrow），"干中学"效应就是由他在 1962 年的著作《干中学的经济含义》中首先提出来的，[1] 也称学习效应。阿罗（Arrow）相信，由于学习过程与生产过程中解决问题的过程是相伴而生

---

① "干中学"模型的前提假设以及模型的推理请参考 . Arrow，Kenneth. Economic Welfare and the Allocation of Resources for Invention. *The Review of Economic Studies*，Vol. 29，No. 3，1962，pp. 155－173.

的，所以，学习可以来源于生产过程中的经验总结，而这种学习又会增进知识，同时，知识的增进又会更进一步推动技术进步的发展。故此，阿罗（Arrow）认为，经验的累积可以促进技术的进步和劳动生产率的提高。随着在贸易发展和贸易格局中嵌入技术因素，一些更深层次的思考在一些经济学家的头脑中出现。

自 20 世纪 80 年代末 90 年代初以来，关于技术进步与国际贸易以及经济增长的关系成为国际贸易理论的主要研究领域，而其将技术作为内生变量是其最突出的特点，并且，对于国际贸易格局变化、国际贸易模式以及国际贸易的增长，也主要是从技术进步的角度进行阐述的。从这一时期的研究来看，大多数研究都强调不完全竞争、经验积累、知识创新及规模报酬递增与比较优势之间的关系，同时，研究还表明后天的专业化学习抑或是人们的投资创新与经验累积可以推动以技术进步为特征的优势的获得。并且，通过对技术的来源和传播途径研究的明晰，通过对来源于内生个人专业化分工、技术创新及"边干边学"等经济活动对于比较优势的影响的阐释，同时，通过借助于技术引进和模仿创新深入研究后进国家如何逐步缩小与先进国家的差距。这些研究摆脱了基于静态分析的传统国际贸易理论框架，也克服了将技术变量视为外生变量的贸易理论的缺点，从而使得国际贸易理论更具有广泛的适用性，并将动态比较优势理论的发展推向一个崭新的阶段。"干中学"效应是从宏观的角度来解释经济增长的理论，但后来越来越广泛地应用于微观角度中各行各业经验积累所带来影响效应的研究之中。例如，"干中学"效应也可以用来解释出口经验对出口市场开拓和出口产品扩张的影响，即本书的研究主题——出口经验对出口广化的影响。以下，将对阿罗（Arrow）的基本模型进行分析说明。

一、阿罗（Arrow）"干中学"模型

阿罗（Arrow）在《"干中学"的经济含义》这篇论文中的重要贡献是，提出了"边干边学"的概念。"边干边学"，简而言之，即在工作或生产的过程中，通过对经验的积累总结乃至创新，达到更高的效率。知识的获取来源于经验的累积，而经验的累积又与人们在产品与服务中的生产相伴而生。生产效率的提高与知识存量的递增，正是源于这一过程。而知

识积累的外部性，即是体现于引致所有厂商生产效率提升的知识总量的递增。他还指出，经验是一种生产力，且是一种具有不断递增效应的生产力。飞机制造工程师莱特研究发现，经验知识的不断累积，会导致单位产品成本随生产总量的增加而递减。

对于那些想借助于技术引进及模仿创新来逐步缩小与先进国家差距的后进国家而言，"干中学"效应尤其具有重要的意义。发展中国家的技术创新能力之不足，既来源于其落后的技术发展水平，也是其人力资本与研发资金的匮乏所致。价值链分工条件下的国际贸易可以推动发展中国家的技术进步，而这种技术进步则是源于其参与跨国公司的国际生产分工体系及中间品贸易的过程中所进行的技术转移和技术外溢。在加工贸易模式下，发展中国家所进口的技术设备这种中间投入品一般都具有较高专业技术知识含量和国外最新研发成果。而"干中学"效应的产生，也正是由于这种中间产品在下一个生产环节中的应用所引致，这些高质量且多种类的中间产品的进口导致了这一过程的发生。同时，由于发展中国家企业的学习与模仿，有竞争性相似产品的开发可能源于进口刺激的缘故，因此，用投资的累积表明价值链分工中的技术进步效应来表明其对经济增长的促进作用，这也是源自具有资本属性的中间产品。从价值链分工的角度来分析"干中学"效应对经济增长的影响，可以通过科布-道格拉斯生产函数来进行简要说明。科布-道格拉斯生产函数为：

$$Y(t) = K(t)^{\alpha}[A(t)L(t)]^{1-\alpha} \qquad (3-18)$$

在式（3-18）中，$Y(t)$ 代表产量，$K(t)$ 代表资本，$L(t)$ 代表劳动力，$A(t)$ 代表劳动力的有效性，$A(t)L(t)$ 代表有效劳动力，在生产过程中，中间投入品的进口和发达国家外资的进入都会带来劳动者生产效率的提高，引致"干中学"效应。为了简化分析，假定知识的递增来源于这种投资的增加，则可以用幂函数的形式来衡量这种技术进步：

$$A(t) = BK(t)^{\beta} \qquad (3-19)$$

在式（3-19）中，B 为转移参数，它是外生给定的，用来说明其他因素对劳动有效性的影响程度；β 为投资引致的"干中学"效应。结合式（3-18）和式（3-19），得到含有"干中学"效应的综合生产函数为：

$$Y(t) = K(t)^{\alpha}B^{1-\alpha}K(t)^{\beta(1-\alpha)}L(t)^{1-\alpha} \qquad (3-20)$$

在式（3-20）中，$L(t) = e^{nt}$，假定劳动增长率 n 是外生给定量。由于

$K(t)^* = sY(t)$，得到 K 的动态方程为：

$$K(t)^* = sK(t)^\alpha B^{1-\alpha} K(t)^{\beta(1-\alpha)} L(t)^{1-\alpha} \qquad (3-21)$$

对上式进一步变形可得：

$$\frac{K(t)^*}{K(t)} = \frac{sK(t)^\alpha B^{1-\alpha} K(t)^{\beta(1-\alpha)} L(t)^{1-\alpha}}{K(t)} \equiv g_k \qquad (3-22)$$

在式（3-22）中，g_k 为资本 $K(t)$ 的变化率，对式（3-22）两边取对数得：

$$\text{Ln} g_k = \ln s + (1-\alpha)\ln B + (1-\alpha)(\beta-1)\ln K(t) + (1-\alpha)\ln L(t)$$
$$(3-23)$$

对式（3-23）求时间的导数，得到资本变化率方程如下：

$$\frac{g_k^*}{g_k} = (1-\alpha)[n + (\beta-1)g_k] \qquad (3-24)$$

由于 $0 < \alpha < 1$，所以 $0 < 1-\alpha < 1$。判断资本积累的动态变化率就由 $n + (\beta-1)g_k$ 的变化来决定。若 $\beta \geq 1$，则 g_k^* 为正，意味着随着时间的推移，资本积累的增长率将趋于增长，说明"干中学"效应在价值链分工中相当大，将对该国的经济产生成倍增长的动力。当然，这是一种极端现象。若 $0 \leq \beta < 1$，可知资本稳态增长率。稳态时，$g_k^* = 0$，则最后资本增长的稳态方程为：

$$g_k = \frac{n}{1-\beta} \equiv g_k \qquad (3-25)$$

式（3-25）表明，当人口增长速度 n 保持不变时，"干中学效应" β 越大，对一国经济增长将产生越显著的促进作用。而在价值链分工中，因为发展中国家在更多产业领域已经参与到跨国公司的生产环节，从而导致"干中学"的机会和空间的递增。

阿罗（Arrow）的"干中学"效应模型，在某种程度上应该说是现代新经济增长理论的基础，但是，关于经济增长取决于人口数量增加、产出对资本和知识的弹性小于1的假设使得该模型存在一定的局限，因此，阿罗（Arrow）的"干中学"效应模型不是一个真正的新经济增长模型。但在"干中学"模型中强调了学习和经验对于一国生产率提高的重要性，它同样适应于微观企业或产品的生产或出口过程，当某个微观企业或某一产品在生产或出口中，通过生产产量或者出口量的增加不断累积经验，从而促进其劳动生产率的提高，生产成本或出口成本也就降低了。

二、罗默（Romer）模型

在阿罗（Arrow，1962）的"干中学"模型的基础上，通过引入新知识生产的报酬递减、知识的外部效应及产出的报酬递增等理论，罗默（Romer，1986）① 对其进行了修正和扩展，并由此提出了一个具有内生技术变化的竞争性均衡长期增长模型。罗默（Romer）相信，生产新知识所获得的全部收益无法被其生产者全部占有，也就是说，新知识所带来的社会收益率要大于新知识生产者所获得的私人收益率，而这正是由于技术具有正的外部性所致。技术或知识来源于私人提供，是一种经济物品而又非一般的经济物品。模型的关键在于：

第一，知识存量的增加有赖于厂商的资本存量的提高，"边干边学"或知识是投资的副产品。"边干边学"意味着一个厂商的知识存量与其资本存量直接相关，要增加一个厂商的知识存量需要先增加其资本存量，而在各个厂商的投资过程中，"边干边学"普遍存在于其中。

第二，知识是具有正的外部性的公共产品，也就是说，由于知识具有外溢性，当新知识被发现并迅速外溢到整个经济范围内，会使得每一家企业都能免费获得其他企业的知识。正是从这个意义上讲，由每个厂商所创造的知识都能被称之为公共物品。由这个假定可知，从整个经济的角度而言，微观层面的每一个厂商的技术变化构成了经济的总资本存量的函数，即每一厂商的技术变化是整个经济中的"边干边学"。因此，递增收益的形成来源于新知识的发现，而新知识发现则又是投资和生产活动所为，可以这么说，任一给定厂商的生产力是全行业积累的总投资的递增函数。罗默（Romer）还认为，存在竞争性均衡的基础在于外部性的存在。

第三，知识生产的私人收益率递减，新知识的社会收益率递增，也就是说，随着知识自身生产的进行，其规模收益呈现出逐渐递减的趋势，假设在一定时点上的知识存量既定，研究投入的增加不会带来同等比例知识的增加，即研究投入的倍增不会带来同等比例知识的倍增。这一假定存在的目的就在于，避免使消费和效应过快增长。

---

① 感兴趣的读者可以参考 Romer，Paul M. Increasing Returns and Long-Run Growth. *The Journal of Political Economy* Vol. 94，No. 5，1986，pp. 1002 – 1037.

第四，作为生产投入的知识，具有递增的边际生产力。罗默（Romer，1986）将其作为该模型最为核心的假定。新知识具有正的外部效应，其他厂商在生产上所呈现的正的外部性有赖于一家厂商对于新知识的生产与创造，而这种新知识正的外部效应又会对具有知识存量和其他投入函数的消费品生产产生收益递增的效果。同时，这种效果的来源，正是起自于那些无法享有完全的专利和保密的知识。更准确地说，递增的边际产出是知识所具备的。最后，该模型还设定了完全竞争的经济结构、生产者是价格接受者。既定的总知识水平被所有厂商所接受。

罗默（Romer，1986）的核心在于，寻找一条长期的经济增长之路。为达到这一目标，必须克服新古典经济增长模型中存在的收益递减问题，重新构建生产函数。生产函数在 Romer 模型中以如下形式出现：

$$Y_i = F(k_i, K, X_i) \qquad (3-26)$$

在式（3-26）中，k_i，Y_i 分别是有代表性的厂商 i 的人均资本存量和产出，即知识存量，K 是经济的总资本存量，X_i 表示所有其他投入要素。新知识与新资本之间是以固定比例生产的，因而 K 就不仅测度厂商可获得的总知识，而且测度总资本存量。式（3-26）表明，产出不仅是劳动、资本等实际投入的函数，而且是专业化知识与社会知识总存量的函数。由于具有外在效应属性的知识的存在，投资资本收益率可以是资本存量的递增函数，一国既有的资本存量越大，则其投资资本收益率越高，经济增长率也越高。又因为每一厂商相对总资本存量而言很小，所以，它们都视为既定。假设经济中有 N 个厂商，因而，总资本存量 K 就为：

$$K = \sum_i^N k_i \qquad (3-27)$$

假设仅有知识存量可以增加，而由 X 代表的人口规模或物质资本是固定的，那么，生产函数可以表示为：

$$Y_I = f(k_i, K) \qquad (3-28)$$

如果每一厂商均扩大 k_i，则 K 就会相应增加并同时产生使所有厂商的生产率上升的外溢效应。罗默（Romer）使用一个柯布-道格拉斯生产函数，并假设所有厂商均相同，则有：

$$f(k, K) = k^a K^b \qquad (3-29)$$

在式（3-29）中，b 表示知识的外溢效应，$0 \leqslant a \leqslant 1$，$a + b > 1$，从而生产函数的规模收益递增。

令 $K = Nk$，由式（3-29）可得，知识资本的社会边际产品为：

$$\frac{\partial f}{\partial k} = (a + b)k^{a+b-1}N^b \qquad (3-30)$$

令 K 既定，可得知识资本的私人边际产品为：

$$\frac{\partial f}{\partial k} = ak^{a+b-1}N^b \qquad (3-31)$$

从式（3-30）和式（3-31）可知，知识资本的社会边际产品和私人边际产品是关于 N 和 k_i 的递增函数，但两者大小不一，社会边际产品大于私人边际产品，其商为 $(a+b)/a$。罗默（Romer）证明，在上述条件成立的条件下，经济存在竞争性均衡，其均衡增长率 g 为：

$$g = \frac{c^*}{c} = (ak^{a+b-1}N^b - \phi)/Q \qquad (3-32)$$

最优增长率为：

$$g^* = \frac{c^*}{c} = [(a+b)k^{a+b-1}N^b - \phi]/Q \qquad (3-33)$$

由式（3-32）可知，不仅人口或劳动力的自然增长率与均衡增长之间没有关系，而且，外生技术进步也与其没有丝毫关系，所以说，Romer 模型是一个完全内生化的技术进步增长模型。

由式（3-32）可知，影响增长率的主要因素包括：

第一，经济的总知识存量。经济增长与社会总知识存量密切相关，可以说，某种程度上经济增长率的高低是由社会总知识存量决定的，即一个经济增长率高的国家，社会总知识存量也越多，而经济增长与社会总知识存量的这种关系正是总量知识具有正的外溢效应的体现。

第二，厂商知识投资的决策。经济增长率的提高不仅来源于社会总知识存量，而且，与旨在增进企业自身知识存量的厂商知识投资决策密切相关，厂商通过更多的专业化知识投资并由此而衍生的导致整个产业生产效率增进的外溢效应直接推动了经济增长率的提高。

第三，储蓄率。从储蓄率的角度来看，知识的增长也与其有密不可分的联系。知识的快速增长，有赖于储蓄的不断增加。要想知识增长得越快，就需要社会储蓄增加得越多。而要求社会储蓄增加越多，则又需要减少社会消费，而社会消费的减少是以人们对时间偏好率的较低要求为代价的。

第四，跨时替代弹性。就跨时替代弹性而言，其弹性大小对于经济增长率的高低至关重要，这是由于跨时替代弹性的大小与人们在知识研究中所承担的风险高低直接相关。如前所述，要提高整个经济的增长率，需要增加社会总知识存量以及厂商的专有知识存量，而无论是厂商的专有知识存量的增加还是整个社会总知识存量的增进都有赖于厂商对于专业化知识的投资，然而，厂商投资专业化知识与否及投资大小则是由跨时替代弹性即 θ 的大小来决定的、θ 越小时，在知识研究中出现的风险更易被人们所承担，人们进行知识投资的愿望就越发强烈，反之则相反。

第五，政府政策。根据 Romer 模型可知，在经济发展过程中，政府政策发挥了非常重要的作用，对经济发展具有显著的增长效应。通过式（3－32）和式（3－33）的比较可以发现，在一个无政府干预的社会条件下，社会最优量的知识积累将不会是任何一个竞争性厂商所选择的，而这种任何一个竞争性厂商的不选择行为带来的是竞争性均衡增长总是低于帕累托最优增长水平的结果。而这种结果的产生不仅与具有外溢效应的知识有关，而且，还与知识的社会边际产出与私人边际产出的不一致相联系。由此可知，通过政府干预将现期产品配置到研究中去而不是转移到消费中，都会促进社会福利的增加。简而言之，通过政府干预所达到的帕累托改进效果是私人部门所无法企及的，政府投资在经济发展中具有显著的增长效应。正如陶军锋（2003）所指出的，对厂商所拥有的每单位知识支付一个依时而变的单位消费品的补贴是实现帕累托改进效果最为简单的方法，虽然政府还可以通过对知识的生产过程提供补贴或知识资本的积累、通过对知识资本的持有以及通过对知识资本以外的要素征税等措施来实现。

三、学习曲线

在这里介绍的学习曲线出现于动态规模经济之中，在这种规模经济中，既没有静态的规模经济，也不需要投资于研发；相反，报酬递增处于动态形式，现在产量增加使原来的生产成本下降。这种"边干边学"的经济产生与其他模型有非常相似的结果，它强调学习或经验的重要性。以下模型是根据斯宾塞（Spence，1985）的模型①进行一般化的结果。有两个企业，本国企业和外国企业，这两个企业在若干市场上竞争；但现在他们不仅在时间上互相竞争，在空间上也互相竞争。在每个市场上，两个企业的收入都是：

$$R_i = R_i(x_i, x_i^*), i = 1, \cdots, n, \tag{3-34}$$

$$R_i^* = R_i^*(x_i^*, x_i), i = 1, \cdots, n, \tag{3-35}$$

在式（3-34）、式（3-35）中，x_i，x_i^* 代表每单位时间的供货率，在其他方面，每个企业在每个市场上面对着不变运输成本 t_i，t_i^*。在某个时间点上生产成本具有不变边际成本 c_i，c_i^* 的特征。但是，这些边际成本取决于过去的产量。设 $Q = \sum x_i$ 表示本国企业在某个时间点上的产量的增长率，于是，本国企业相对于时间 T 的累计产量为：

$$K(t) = \int_0^T Q \mathrm{d}z \tag{3-36}$$

学习曲线的假定条件中，边际成本是一个到此为止的累计产量的递减函数，即：

$$c = c(K) \tag{3-37}$$

根据 Spence 模型，并且，充分利用企业在一个不打折扣的固定计划期 T 内使其累计产量最大化这一假定条件。因此，本国企业以追求式（3-38）中的利润最大化为目标：

$$\Pi = \int_0^T \left\{ \sum_i \left[R_i(x_i, x_i^*) - t_i x_i - c(K) x_i \right] \right\} \mathrm{d}t \tag{3-38}$$

企业每向市场 i 多销售一个单位，可以导致两种结果：一是直接边际收入及未来生产成本和间接成本降低，二是产出中直接运输成本和生产成本的产生。因此，在某一时间点的一阶条件是：

$$\frac{\partial R_i}{\partial x_i} - t_i - c - \int_0^T \frac{\partial c}{\partial K} \cdot Q \mathrm{d}z = 0 \tag{3-39}$$

接下来，可以按时间不同得到：

---

①　Spence 模型的前提假设以及详细的模型推理，可参考 Ghemawat, Pankaj & A. Michael Spence. Learning curve spillovers and market performance. *The Quarterly Journal of Economics*，1985，839-852.

$$\frac{\mathrm{d}}{\mathrm{d}t}\left[\frac{\partial R}{\partial x_i} - \frac{\mathrm{d}}{\mathrm{d}t}c + \frac{\partial c}{\partial K} \cdot Q\right] = \frac{\mathrm{d}}{\mathrm{d}t}\frac{\partial R}{\partial x_i} - \frac{\partial c}{\partial K} \cdot Q + \frac{\partial c}{\partial K} \cdot Q = \frac{\mathrm{d}}{\mathrm{d}t}\frac{\partial R}{\partial x_i} = 0$$

$$(3-40)$$

正如斯宾塞（Spence，1985）指出的一样，它的经济影响是企业根据一个固定不变的影子边际成本来确定产量。影子边际成本的水平，由下面这个边界条件来决定，即在时间点 T 上，如果企业不再考虑现在的产量对未来成本的影响，影子边际成本等于实际边际成本。

另外，还可以想象出一个迭代方法来计算均衡。先可以推测企业的边界边际成本 c_T，c_T^*，并从这些推测中找出累计产量和相应的边界边际成本，之后重复这一过程。无须赘述，很明显地，结果一定与之前第一个模型相同。每个企业的边界边际成本与另一个企业的边界边际成本成反比，图 3-6 说明了这一均衡。其中，模型又一次假定自己的作用大于交叉作用，因此，$c_T(c_T^*)$ 的斜率大于 $c_T^*(c_T)$。

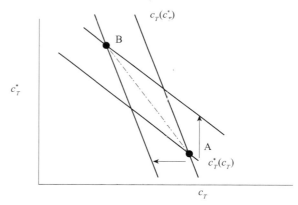

图 3-6　两国企业的均衡变化

现在，贸易政策的作用完全平行于其在静态规模经济情况下的作用，将国外企业从某些市场上赶出来，会提高本国企业的累积产量并且对于在给定的 c_T，c_T^* 情况下外国企业的累积产量会下降。结果是 $c_T(c_T^*)$ 向左移动，$c_T^*(c_T)$ 向上移动；c_T 下降，c_T^* 上升，即均衡点从 A 移动到 B。这反过来意味着在所有市场上，x_i 上升，x_i^* 下降，无论它们是否受到直接保护。

"学习曲线"理论强调一国某个行业生产累积或出口累积的重要性，当一国某个行业处于相对劣势的地位时，可以通过暂时的保护性贸易政策使其本国该行业的企业的累积产量提高，从而降低其生产成本，进而起到提高整个行业生产率的目标。"学习曲线"理论也可以从微观上来解释企业或产品的出口行为，出口量的累积意味着出口经验的累积，并将降低固定的出口成本或可变的出口成本，最后，达到促进出口地理广化和出口产品广化的目的。

四、企业出口经验对出口地理广化和出口产品广化影响的理论模型拓展

本书参考费尔南德斯和邓（Fernandes，Tang，2014）创立的理论模型，从理论上分析企业出口经验对出口地理广化和出口产品广化的影响。

这一模型的假定与梅里兹模型一致，包括：企业生产率异质性、垄断竞争产品市场和偏好的固定替代弹性，每个企业的需求曲线都向下倾斜。在进入之前，企业的生产率 ρ 服从累积分布函数 $G(\rho)$。

每个企业在进入之前了解自己的生产率，由于企业—市场特有的需求 D_{im} 变动，从而对自己的出口利润并不确定。更具体地说，生产率为 ρ 出口至目的市场 m 的企业 i 将获得 $\pi^o(D_m,\rho) = D_{im}\rho^{\sigma-1}$ 的营业利润。其中，$\sigma > 1$ 是指，市场上不同产品种类的替代弹性，D_{im} 是指，企业 i 在目的市场 m 的需求因素。企业的出口业绩取决于以下三个因素：企业层面的生产率、企业—目的市场层面的产品吸引力以及市场层面的需求，具体地，$\ln D_{im}$ 可以分解为以下三个独立的需求变动部分：

$$\ln D_{im} = \kappa + d_m + z_{im} \qquad (3-41)$$

在式（3-41）中，κ 为一个常数，$d_m = \ln(P_m^\sigma Y_m)$ 中，P_m 和 Y_m 分别是指，理想的价格指数和市场 m 的总支出。$z_{im} = \ln Z_{im}$ 是企业 i 在市场 m 特有的产品吸引力，它是三个因素中唯一表征企业层面特征的因素，不能以邻近企业的需求来预测，但是，在企业出口一年后便成为已知量，为了简单起见，我们假设 $\ln D_{im}$ 的三部分都不随时间发生变化。在出口之前，企业的不确定性来源于 d_m 和 z_{im}。在没有任何目的市场出口经验的情况下，企业尤其对 d_m 不了解，仅有先前的认知，假定 d_m 服从以下的正态分布：

$$d_m \sim (\bar{d}_m, v_{dm}) \qquad (3-42)$$

这里假定 d_m 不随时间发生变化，一旦进入国外市场，关于 d_m 就没有任何

不确定性存在。另一个因素 z_{im} 也不随时间发生变化。因此，进入市场之后，两个生产率相同的企业由于不同的 z_{im} 有可能在市场 m 的出口利润并不同，假定 z_{im} 服从以下的正态分布：

$$z_{im} \sim (0, v_{zm}) \qquad (3-43)$$

更大的 v_{dm} 值可以解释为企业对目的市场 m 的认知越少，更大的 v_{zm} 则被解释为企业在市场 m 可以学习到更多邻近企业的出口业绩。现在，考虑一个企业试图进入从未出口过的目的市场 m，同时，也没有任何其他企业的出口经验可以借鉴。那么，它可以获得的出口利润期望值如下所示：

$$E\left[\pi^o(D_{im}, \rho) \right] = \rho^{\sigma-1} E\left[D_{im} \right] = \rho^{\sigma-1}\left[\exp\left(\overline{d}_m + \frac{v_m}{2} \right) \right] \qquad (3-44)$$

在式（3-44）中，$\zeta = \exp(\kappa)$，$v_m = v_{dm} + v_{zm}$。每个企业在进入市场 m 时都需要支付固定成本 K_m，那些出口收入期望值小于固定成本 K_m 的企业将不会选择进入。事前零利润期望值的"门槛"将进入市场 m 的最低生产率限制为：

$$\widetilde{\rho} \equiv \underline{\rho}^{\sigma-1} = \frac{K_m}{\zeta \exp\left(\overline{d}_m + \frac{v_m}{2} \right)} \qquad (3-45)$$

当一个新出口商在 $t-1$ 期观察到其他邻近企业的出口业绩后，决定在 t 期进入市场 m，假定出口到市场 m 的邻近企业有 n_{t-1}。假设企业可以观察到所有邻近企业的出口行为和业绩。同时，我们假设企业总是使用已知的条件均值 ρ：$\widetilde{\rho} = E[\rho \mid \rho > \underline{\rho}]$ 和邻近企业出口业绩去推测需求水平。从 n_{t-1} 个邻近企业观测到需求水平之后，企业将按照德格罗特（Degroot，1974）提出的方式增加对需求的了解，假设跟随者出口企业需求服从以下均值下的正态分布：

$$\overline{d}_{m,t}^{post}(n_{t-1}, \overline{d}_{m,t-1}^{nb}) = E\left[d_{m,t} \mid n_{t-1}, \overline{d}_{m,t-1}^{nb} \right] = \delta_t(n_{t-1}) \overline{d}_{m,t-1}^{nb} + (1 - \delta_t(n_{t-1})) \overline{d}_m$$
$$(3-46)$$

δ_t 按照德格罗特（Degroot，1974）的定义，表示为如下形式：

$$\delta_t(n_{t-1}, v_{dm}, v_{zm}) = \frac{n_{t-1} v_{dm}}{v_{zm} + n_{t-1} v_{dm}} = \left(1 + \frac{1}{n_{t-1}} \frac{v_{zm}}{v_{dm}} \right)^{-1} \qquad (3-47)$$

其条件方差可以表示为：

$$\delta_{mt}(n_{t-1}, v_{dm}, v_{zm}) = \frac{v_{zm} v_{dm}}{v_{zm} + n_{t-1} v_{dm}} = \left(\frac{1}{v_{dm}} + \frac{n_{t-1}}{v_{zm}} \right)^{-1} \qquad (3-48)$$

我们来分析邻近企业的出口行为如何影响企业进入出口市场的决策。企业的进入决策不仅取决于出口到目的市场 m 的邻近企业的数量，同时，也取决于从邻近企业平均出口收入中推测的需求水平是否超过了企业之前预测的需求水平。从未出口过市场 m 的企业生产率 $\rho < \underline{\rho}$。其中，$\underline{\rho}$ 是指进入市场 m 的最低"门槛"。当企业从其他邻近企业的出口业绩中预测到需求水平增加时，将降低企业进入市场 m 的最低"门槛"，追随者出口企业进入市场 m 的生产率"门槛"为：

$$\tilde{\rho}_t^{post} \equiv \underline{\rho}_t^{\sigma-1} = \frac{K_m}{\zeta \exp\left(\overline{d}_{m,t}^{post} + \dfrac{v_{mt}}{2}\right)} \qquad (3-49)$$

假设 t 期有 n_{t-1} 个企业出口至市场 m，当市场 m 的需求从 $\overline{d}_{m,t-1}^{nb}$ 增加到 $\overline{d}_{m,t}^{nb}$ 时，根据式（3-49）进入市场的"门槛"将降低。更具体地，此时企业的生产率 ρ 的大小关系为 $\underline{\rho}_t^{post} < \rho < \underline{\rho}$，这时，将开始出口至市场 m，进一步地定义 $\tilde{\rho}_t^{post}$ 关于 $\overline{d}_{m,t-1}^{nb}$ 的半弹性为 $\varepsilon_{pt} \equiv \dfrac{\partial Ln\tilde{\rho}_t^{post}}{\partial \overline{d}_{m,t-1}^{nb}}$，通过计算可得：

$$\varepsilon_{pt} = -\delta_t(n_{t-1}) = -\left(1 + \frac{v_{zm}}{v_{dm} n_{t-1}}\right)^{-1} < 0 \qquad (3-50)$$

式（3-50）表示，当邻近企业在市场 m 的出口量越大时，追随者出口企业的进入"门槛"将降低，进入的可能性将增加。进一步计算 n_{t-1} 对 $|\varepsilon_{pt}|$ 的影响如下所示：

$$\frac{\partial |\varepsilon_{pt}|}{\partial n_{t-1}} = \frac{v_{zm}}{v_{dm} n_{t-1}^2}\left(1 + \frac{v_{zm}}{v_{dm} n_{t-1}}\right)^{-2} > 0 \qquad (3-51)$$

式（3-51）表明，出口市场 m 的邻近企业越多，那么，邻近企业出口量增加对进入"门槛"降低程度的影响就会越大。这就表明，当有更多进入市场 m 的企业揭示了更多的市场需求信息时，那么，对于追随者而言，不确定性将降低，将会引导企业更大可能性出口到市场 m。

第三节　出口经验对出口广化影响的机理分析

考察以往的相关文献，出口经验对出口地理广化与出口产品广化产生影响主要通过两条途径来实现，一是考察出口经验对固定出口成本的影响。企业出口生产率临界值的存在决定了并非所有企业都能出口，这是梅里兹（Melitz，2003）异质性企业模型得到的最核心的结论；[①] 二是考察出口经验对可变成本的影响。在异质性企业模型中，企业除了必须突破固定出口成本之外，还需克服可变生产成本以及关税、运输成本等可变出口成本。以下，将从这两方面分析其影响机理。

一、出口经验对固定成本的影响

根据梅里兹模型的内容，只有生产率高于临界值的企业才能进入出口市场，这个临界值即出口固定成本，换句话说，固定出口成本的客观存在决定了出口生产率临界值的存在。而对于企业来说，克服固定出口成本获得出口利润是出口决策的关键所在。本书要研究的出口地理广化与出口产品广化的出口决策，也必须要突破出口固定成本，当出口经验促进了出口固定成本的降低，那么，也就在一定程度上提高了出口地理广化与出口产品广化的可能性。因此，可以说要考察出口经验对出口地理广化与出口产品广化的影响机理，就是考察出口经验对固定出口成本和变动成本的影响机理。

固定成本相对于变动成本而言，是指成本总额在一定时期和一定产量销量范围内，不受产量销量增减变动影响而能保持不变的成本。出口固定成本是指，企业或产品为进入外国市场所需支付的成本，主要包括掌握国际贸易环境、了解国际市场的供求、在国外市场进行产品宣传、建立营销渠道在国外市场建立分销渠道、实施市场营销策略、完成行政手续的审批、改良产品以适应目的国市场消费者需求及政府规制等成本。一般来说，这些成本在国际贸易活动完成前就已经发生了，因此，固定出口成本具有沉没性，不受出口企业现在或将来的出口量影响。那么，从其定义可以看出，平均固定成本将随出口企业出口数量的增加而递减，即出口量越大，出口经验越丰富，每单位产品分担的固定成本将越少，从而促进出口的单位成本降低。本书采用出口持续时间来衡量出口经验的多少，当出口

---

① Melitz 模型的详细推理可参考 Melitz M. J. The Impact of Trade on Intra-industry Reallocations and Aggregate Industry Productivity. *Econometrica*, Vol. 71, No. 6, 2003, pp. 1695–1725.

持续时间越长时，意味着出口经验越丰富，那么，在其他目的国市场建立分销渠道以及实施市场营销策略等都更为熟悉，一些应用在其他出口目的国市场的策略也可以直接用来开发新的市场，从而可以大大降低企业出口地理广化的固定成本。而对于出口产品广化来说，固定成本的降低似乎更容易实现，因为本书研究的出口产品广化是指，潜在产品进入已出口过产品的同一出口国目的市场的行为。已出口过的目的国市场的市场经验均可以完全适应于潜在产品的出口扩张之中，那么，平均固定成本的降低程度更大。

伊文奈特和维纳布尔斯（Evenett，Venables，2003）建立了模型，同时采用 23 个发展中国家 1970～1997 年的出口数据说明出口经验与出口成本的关系。文献发现，1970 年以来大约 60% 的贸易增长都是由出口到长期存在的贸易伙伴的贸易量来实现的，大约 1/3 是由已出口过的产品出口到新的贸易伙伴实现。而在后者的贸易增长中，呈现明显的地理扩张路径。即当已出口过的产品选择开拓新市场时，更倾向于选择与已出口过市场相近的目的国市场进行出口。所以，该文献最终得到以下结论：出口到一个指定目的国市场的成本取决于从其他相近目的国获得的经验，实证分析还发现，从已有目的国市场或相近的市场获得的出口经验将进一步加快发展中国家的出口增长速度。罗伯茨和蒂博特（Roberts，Tybout，1995）使用 1981～1989 年哥伦比亚制造业企业的数据探讨了出口经验对沉没成本的重要性，并发现先前的出口市场经验对出口具有实质性的影响效应，但是，这种影响效应消失得相当快。数据表明，已退出出口市场一年的企业的重新进入成本将比新企业的进入成本低，而当退出出口市场一年之后，重新进入成本与新企业的进入成本则没有显著区别。伊顿等（Eaton et al.，2007），博彻特（Borchert，2007），卡斯塔尼诺（Castagnino，2010），阿尔瓦雷斯等（Álvarez et al.，2010），阿尔博诺兹等（Albornoz et al.，2012），劳利斯（Lawless，2013）都相继得到了类似的结论。

二、出口经验对变动成本的影响

出口经验对出口地理广化与出口产品广化产生影响的另外一条渠道则是通过变动成本。可变成本包括生产过程中的可变生产成本以及出口中的可变出口成本。可变生产成本包括直接材料、直接人工和制造费用中随产量成正比例变动的物料用品费、燃料费、动力费、包装费等。可变出口成本主要指，与出口产品数量有关的流通领域成本，通常包括运输成本、保险成本以及关税成本等。出口经验对变动成本的影响机理与出口学习效应的机理类似，更长的出口持续时间，即在相似的行业内或相似的目的国市场具有更多的出口经验将能极大地降低企业的可变成本，从而将目前不具有吸引力的目的市场变为极具潜力的目的市场。出口经验对变动成本的影响，主要通过影响可变生产成本来实现。①

1997年的世界银行报告中指出，发展中国家的企业加入全球性的出口市场，使得其能接触到发达国家最先进的技术研发与管理方式以及生产制造，直接或间接地提高了发展中国家企业的生产率，即促进了发展中国家企业生产成本的降低。张杰等（2009）曾指出，一般来看，发展中国家出口企业从发达国家获取企业生产率提高的方式主要有四种：①世界银行1993年的研究报告重点指出，发达国家的采购商需要发展中国家的外包企业提供质量更高、价格更低的产品，为了达到目的，发达国家的采购商通常会把顾客对产品质量、设计、式样等方面的要求意见，及时反馈给发展中国家的出口企业。而且，发达国家的采购商会把主要位于发达国家或地区内其他供应商的隐性技术知识转移给发展中国家的出口企业，从而提高发展中国家的企业生产率。②伊文森和韦斯特法尔（Evenson, Westphal, 1995）指出，发展中国家出口企业从发达国家采购商那里免费获取了产品设计以及能够改善生产工艺过程的技术支持与转移。③瑞伊等（Rhee et al., 1984）以及格罗斯曼和赫尔普曼（Grossman, Helpman, 1991）等研究发现，发达国家的采购商对于一些关系较为亲密的发展中国家外包出口企业，不仅会对外包企业的工程师进行技术指导、技术培训，而且，经常委派工程师到发展中国家企业的生产流水线亲自指导工人生产。在某些特殊情形下，发达国家的采购商还会让发展中国家外包企业的工程师参与他们的产品质量改进与产品研发设计过程。④格雷菲，汉弗莱和斯特金（Gereffi, Humphrey, Sturgeon, 2005）认为，发达国家的采购商为了满足全球消费市场的多样化和变动性，以及发达国家消费者对产品

---

① 当然，出口经验的积累也将影响运输成本、保险成本以及关税成本等可变的出口成本。例如，运输就可以实现规模经济。

品种、质量、安全、环保等更为苛刻的要求，会通过设计转让、生产设备转让、技术专利转让，强制性地要求发展中国家的外包企业迅速提升自身产品设计与生产工艺能力，即由不具备自主创新能力的 OEM，向具备一定自主创新研发能力的 ODM，乃至具有相当自主创新能力的 OBM 生产方式转移。[①]

　　国内外许多学者利用各国的数据针对出口学习效应对出口国生产率的影响效应进行了经验分析，但对出口学习效应假说得出的结论并不一致。鲍德温和古（Baldwin，Gu，2003），范毕思布洛克（Van Biesebroeck，2005），阿尔瓦雷斯和洛佩兹（Alvarez，Lopez，2005），德勒克（De Loecker，2006），张杰，李勇和刘志彪（2009），钱学锋等（2011），邱斌、刘修岩和赵伟（2012）的研究证实了出口学习效应的假说，但伯纳德和詹森（Bernard，Jenson，1995），阿诺德和哈森格（Arnold，Hussinger，2005），埃利亚松，汉森和林德韦德（Eliasson，Hansson and Lindvert，2009），洛吉和瑞查得符里（Ranjan，Raychaudhuri，2011）的经验研究却并不支持出口学习效应。另外，还有一部分研究认为出口学习效应结论模糊，克莱里季斯，拉奇和蒂博特（Clerides，Lach and Tybout，1998），阿曼，钟和罗伯茨（Aw，Chung and Roberts，2000）指出，出口学习效应依出口国的不同而不同，汉森和伦典（Hansson，Lundian，2003），法里纳和马丁-马克（Farinas，Martin-Marcos，2003）的研究结论是出口学习效应依生产率的测量指标不同而不同，艾斯古德（Isgut，2001），克雷（Kraay，2002），格林纳威和科内尔（Greenaway，Kneller，2003），达米安等（Damijan et al.，2004），阿门多拉等（Amendolagine et al.，2008）则证明了出口学习效应依出口时间的不同而不同。

---

　　① OEM 是指，一个公司根据自己的规格设计和生产一个产品，然后，将其出售给另一家公司来冠注商标和分销；ODM 是指，一家公司根据另一家公司的规格来设计和生产一个产品；OBM 是指建立自己的渠道，打自己的品牌。

第四章 中国出口持续时间的分布特征

第一节 中国出口持续时间分布特征的总体估计

一、数据来源

对于中国出口贸易持续时间分布特征的分析，该部分采用 UN-COMTRADE 数据库中[①] 2000～2012 年中国出口到所有国家的 HS－6 分位贸易数据，共 3 623 763 个观测值。产品的分类则参考劳奇（1999）分类法，将产品分为差异化产品、参考价格产品以及同质产品三类。由于本书采用的产品编码为 HS－6 分位，因此，通过 UN-COMTRADE 网站中的对照表进行了转化，转化之后 HS－6 分位下产品的分类数据 4 893 个。

2000～2012 年，出口目的国 GDP、出口目的国人均 GDP、营商便利指数、汇率变动率数据来源于世界银行官方网站，并经整理得到。两国之间的地理距离和是否使用共同语言，采用 CEP-Ⅱ引力数据库中的数据。[②]

二、数据处理说明

从产品层面来看，出口贸易持续时间是指，某种产品从进入出口目的

---

① UN-COMTRADE 数据库的下载网址．http：//comtrade. un. org/。
② 两国之间地理距离和是否使用共同语言的下载网址．http：//www. cepii. fr/CEPII/en/bdd_ modele/presentation. asp？ id＝1。

国开始到停止出口该种产品①为止所经历的时间，按照惯例，持续时间通常用年来衡量。因此，本书中每一种出口贸易关系的持续时间即为中国某种产品从 2000～2012 年之间某年出口到目的国市场开始到停止出口到该市场所经历的时间。如表 4-1 所示，HS 编码 020422 产品的持续时间为 1 年，编码 020442 产品持续时间为 5 年。在数据处理过程中，有两个问题需要说明：一是数据删失问题，二是多个持续时间段的处理问题。

表 4-1　　　　　　　中国部分出口贸易关系持续时间

HS 编码	2001	2002	2003	2004	2005	2006	2007	2008	2009	2010	2011	2012	第一个持续时间段的持续时间	贸易片段数
020422					#								1	1
020442				#	#	#	#	#					5	1
020443						#	#	#		#			3	2
190230					#		#			#			1	3

注：左删失之后的第一个持续时间段统计结果。

资料来源：http://comtrade.un.org/。

（一）数据删失处理说明

数据的删失，分为左删失和右删失。前者是指，事件在观测期之前已发生并持续至观测期之内的样本，后者是指，在观测期之后仍未停止的样本。在本书中的观测期为 2000～2012 年，本书研究的各种产品出口贸易很有可能开始于 2000 年之前，如果继续出口至 2000～2012 年之间的某一年，那么，如果本书从 2000 年开始统计贸易持续时间将会低估贸易持续时间。因此，将中国从 2000 年开始出口贸易的第一个片段的观测值全部删掉的方法，即左删失。左删失的观测值为 1 543 052 个，占总体的 42.6%，持续时间段为 179 907 个，占总体的 20.5%，另外，右删失的问题也是同样的道理。如果有任何一种贸易关系持续到 2012 年仍然没有结束，但是，本书的观测期在 2012 年截止，该贸易关系具体的截止时间无法被观测到，因此，无法确定其贸易持续时间。所幸的是，生存分析法能恰当地解决右删失的处理问题。

---

① 出口为连续出口，中间没有时间间隔。

(二) 多个持续时间段处理说明

另外，值得一提的是，出口贸易中存在多个出口时间间隔的贸易情况，这在贸易关系中被称为贸易片段的问题。如表 4 - 1 所示，编码为 020443 的产品持续时间段个数为 2，而编码为 190230 的持续时间段个数为 3。经统计，我们的样本中（左删失之后），仅有一个贸易片段的贸易关系占总体的比重为 53.5%，两个及两个以上片段的贸易关系占比为 46.5%。比瑟德和普吕萨（Besedeš，Prusa，2006b）分析指出，无论同一贸易关系经历了多少持续时间段，仅取第一个持续时间段与将多个持续时间段视为相互独立的若干持续时间段的处理方法得到的结论基本一致。因此，本书参照陈勇兵等（2012）的方法，将多个持续时间段视为相互独立的若干持续时间段，其他的情况仅做比较或稳健性检验，见表 4 - 2。

表 4 - 2　　　　　　　　持续时间段数统计

持续时间段个数	贸易关系数	占比%	累计百分比%
1	226 937	53.52	53.52
2	134 932	31.82	85.35
3	50 690	11.96	97.30
4	10 441	2.46	99.77
5	973	0.23	99.99
6	23	0.01	100.00

注：这里的持续时间段数统计，是左删失之后各持续时间段个数的贸易关系数。

资料来源：对 http：//comtrade. un. org/中 HS - 6 分位产品进行整理后得到。

三、模 型 设 定

生存分析法[①]是将事件发生后的结果和出现这一结果所持续的时间结合起来分析的一种统计分析方法。该方法最初主要应用在生物医学研究领域，现在也开始越来越多地运用到经济管理当中，例如，国际贸易领域，比瑟德和普吕萨（Besedeš，Prusa，2006a）最早利用该模型分析了美国进

---

① 医学研究中，为了评价治疗方法的优劣或观察预防保健措施的效果等，常常对研究对象进行追踪观察以获得必要的数据，这类资料都属于随访资料。由于随访资料的分析最初起源于对寿命资料的统计分析，故称为生存分析，或称为生存时间分析。

口贸易持续时间的分布特征，本书在此基础上尝试研究中国出口贸易持续时间分布规律及影响因素的研究。

在生存分析中，通常使用生存函数或危险函数来分析生存时间的分布特征，并且，生存分析方法能够有效地处理数据中尚未完成的右删失问题。在此，本书构建了中国出口贸易关系持续时间的生存函数以估计中国出口贸易关系持续时间的分布特征。令 T 代表中国的某个产品在进口国市场上的生存时间，因为 T 是一个离散变量，所以本书假设 T 是一个随机离散时间变量，其取值为 t_i。其中，$i = 1, 2, 3, \cdots, n$，其概率密度函数 $p(t_i) = pr(T = t_i)$，$i = 1, 2, \cdots, n$；且 $t_1 < t_2 < \cdots < t_n$。如果一个持续时间段是完整的，记为 $c_i = 1$，右删失记为 $c_i = 0$。令 $S(t)$ 为相应的生存函数（survivor function），其表示 1 个中国出口贸易关系持续时间超过 t 年的概率，即：

$$S_i(t) = P_r(T_i > t) = \sum_{t_i > t} p(t_i) \qquad 0 \leqslant S(t) \leqslant 1 \qquad (4-1)$$

在式（4-1）中，$S(t_0) = 1$。同时，令 $h(t)$ 为危险函数，又称风险函数（hazard function），表示一个生存到 t 的观察对象，从 t 到 $t + \Delta t$ 这一区间内死亡的概率极限。在本书中，危险函数表示 1 个中国出口的贸易关系在 $t-1$ 期还没有失败的情况下，在 t 期失败的概率，即：

$$h(t_i) = P_r(T = t_i \mid T \geqslant t_i) = \frac{p(t_i)}{S(t_{i-1})}, i = 1, 2, \cdots, n \qquad (4-2)$$

生存函数和危险函数的关系，见式（4-3）。

$$S(t) = \prod_{t_i < t} [1 - h(t_i)] \qquad (4-3)$$

生存函数的非参数估计由 $K-M$ 乘积限估计式给出：

$$\hat{S}(t) = \prod_{t_i \leqslant t} \frac{n_i - d_i}{n_i} \qquad (4-4)$$

在本书中，式（4-4）中 n_i 是指，在 i 期处于危险状态中的中国出口贸易关系持续时间段的个数，d_i 表示同一时期观测到的失败的中国出口贸易关系的持续时间段的个数。危险函数的非参数估计式为：

$$h(t_i) = \frac{d_i}{n_i} \qquad (4-5)$$

在式（4-5）中，如果 $t < t(1)$，则 $\hat{S}(t) = 1$。

四、总体特征事实

首先，根据前面的分析，本书先对全部样本进行了左删失，即删掉了中国从 2000 年开始出口的第一个片段的全部观测值；其次，本书参考陈勇兵（2012）的做法，将所有贸易关系中多个贸易片段进行贸易持续时间的分布统计，持续时间的分布特征，如表 4 - 3 所示。持续时间为 1 年的时间段占总体的比重接近 50%，持续时间 5 年及 5 年以上的时间段比重仅为 21.8%，10 年及 10 年以上的时间段不到 10%，这与以往关于持续时间短暂的实证结论一致。

表 4 - 3　　　　多个持续时间段左删失之后的持续时间分布特征

持续时间	持续时间段数	百分比%	累计百分比%
1	346 216	49.77	49.77
2	107 967	15.52	65.29
3	54 717	7.87	73.16
4	35 120	5.05	78.20
5	25 740	3.70	81.90
6	23 343	3.36	85.26
7	20 807	2.99	88.25
8	19 603	2.82	91.07
9	18 247	2.62	93.69
10	16 452	2.37	96.06
11	15 156	2.18	98.24
12	12 270	1.76	100.00

注：这里的统计是按照左删失之后，所有持续时间段的持续时间统计。

资料来源：对 http：//comtrade. un. org/中 HS - 6 分位产品进行整理后得到。

表 4 - 4 给出了中国出口贸易持续时间的总体估计。本书根据样本的不同处理方式得出了以下 8 种情况的生存时间估计，即全部样本、全部样本左删失之后、第一个持续时间段的样本、第一个持续时间段样本左删失之后、仅有一个持续时间段的样本、仅有一个持续时间段样本左删失之后、调整一年间隔的全部样本以及调整一年间隔的全部样本左删失之后。

比瑟德和普吕萨（Besedeš，Prusa，2006b）以及伏加萨和莫利纳（Fugazza，Molina，2011）曾指出，具有多个贸易片段的贸易关系可能存在数据统计偏误的问题，如果这个间隔时间非常短，例如 1 年，很有可能这个间隔是统计偏误问题，如果这时把第一个片段的结局变量设定为"失败"，那么，有可能造成对贸易持续时间低估的问题，因为这个间隔两端的两个片段很有可能为1个更长的贸易片段。也就是说，中间间隔的那一年实际上存在贸易关系，由于统计的偏误导致该年的数据并没有报告出来。当然，这个贸易关系也有真实中断1年的可能性。因此，本书参照陈勇兵等（2013）的做法，对左删失样本数据中每个出口贸易关系中只有1年间隔的贸易片段合并成为一个片段，从而得到经过调整的1年间隔的数据作为对比或稳健性检验使用。

表4－4　　　　　　中国出口贸易关系持续时间的总体统计

分　类	观测值的数量	持续时间段的数量	贸易关系数的个数	生存时间		K－M法估计的生存率	
				均值	中位值	1	5
全部样本	3 623 763	875 545	539 031	4.139	2	0.624	0.402
全部样本（左删失后）	2 080 711	695 638	423 996	2.991	2	0.582	0.330
第一个持续时间段	2 590 942	539 031	539 031	4.807	2	0.590	0.384
第一个持续时间段（左删失后）	1 047 890	359 124	359 124	2.918	1	0.492	0.246
只有一个持续时间段	2 159 050	305 494	305 494	7.067	7	0.756	0.659
只有一个持续时间段（左删失后）	766 798	190 459	190 459	4.026	2	0.631	0.460
调整的一年间隔的全部样本	3 623 763	694 267	539 031	5.220	3	0.715	0.537
调整的一年间隔的全部样本（左删失后）	1 859 812	514 360	397 561	3.616	2	0.662	0.447

资料来源：对 http：//comtrade.un.org/中 HS－6 分位产品进行整理计算后得到。

从总体来看，无论是哪种处理方式下的样本，中国出口贸易关系几乎普遍存在持续时间较短的现象，只有一个持续时间段的样本以及调整一年间隔的全部样本的生存时间均值超过5年。第一个持续时间段样本左删失之后的生存时间均值仅为2.9年，大多数处理方式下的样本生存时间中位数仅为2年，第一个持续时间段样本左删失之后的中位数仅为1年。在本书重点研究的全部样本左删失处理方式中，根据K－M法估计的生存时间为1年的生存率仅为58.2%，生存时间为4年的生存率仅为33%，第一个持续时间段样本左删失处理后的生存率更低。

通过K－M法生存率估计图也可以同样说明，中国出口贸易关系持续时间分布规律，并且更为直观，本书从中可以看到如下四点特征：第一，进一步验证了前面关于持续时间偏短的结论；第二，中国出口贸易关系持续时间存在负的时间依存性的特点，随着一种产品持续出口超过几年之后，那么，以后它停止出口的危险就会下降，在图 4-1 中表现为 K-M 曲线在前两年非常陡峭，之后却越来越平缓；第三，在多个持续时间段，仅有一个持续时间段以及第一个持续时间段三个样本左删失处理后的生存率比较，仅有一个持续时间段左删失之后的生存率最高，第一个持续时间段左删失之后的生存率最低；第四，调整一年间隔相比未调整的样本生存率有了显著的提高。具体见图 4-1、图 4-2。

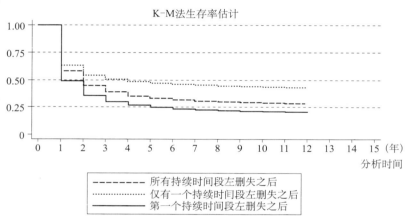

图 4-1　不同处理方式下 K-M 法生存率比较

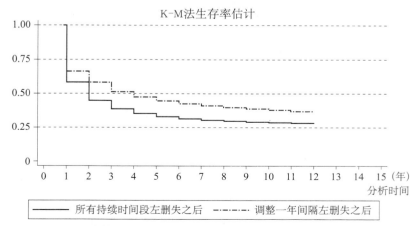

图 4-2　所有持续时间段与调整一年间隔的样本 K-M 法生存率比较

第二节　中国出口持续时间的国家层面分类特征事实

第一节对中国出口持续时间的总体特征事实进行了分析，本节和第三节将对其各种分类下的特征事实进行总结。一方面，可以了解不同分类下中国出口贸易持续时间的特征；另一方面，为第四节影响因素分析提供变量选择依据。分类标准可以分为国家层面标准和产品层面标准，考虑到国内外关于持续时间影响因素的研究文献中对这两类标准的引用频率以及中国的具体国情，本节在国家层面标准中选择出口目的国 GDP、出口目的国人均 GDP、两国之间的地理距离、共同语言、营商便利指数、汇率变动率以及是否为东盟成员国 7 个分类标准，下节将在产品层面标准中选择初始贸易额、① 差异化产品、出口国家数量以及出口产品种类 4 个分类标准。以下，将对国家层面分类下的中国出口持续时间的特征事实依次进行阐述。

一、出口目的国 GDP 的分类特征事实

如表 4 - 5 所示，出口目的国 GDP 分类中，出口目的国 GDP 大于 1 000 亿美元的贸易关系生存时间的均值最长，1 年和 5 年的生存率也最高。出口目的国小于等于 100 亿美元的贸易关系生存时间的均值和中位值都最短，生存率也最低。分类下的生存率曲线，如图 4 - 3 所示。出口目的国 GDP 大于 1 000 亿美元贸易关系的生存率曲线在最上方，出口目的国 GDP 大于 100 亿美元且小于等于 1 000 亿美元贸易关系的生存率曲线在中间位置，最下方的曲线为出口目的国 GDP 小于等于 100 亿美元的贸易关系的生存率曲线，但上面两条生存率曲线之间的差距并不大。

二、出口目的国人均 GDP 的分类特征事实

出口目的国人均 GDP 分类下的贸易持续时间的分布特征，如表 4 - 6

---

① 这里的初始贸易额是指，每个贸易持续时间段第一年的出口额。

表4-5 出口目的国GDP分类下中国出口贸易关系持续时间统计

分类	观测值的数量	持续时间段的数量	贸易关系数	生存时间		K-M法估计的生存率	
				均值	中位值	1	5
出口目的国GDP≤100亿美元	359 531	173 981	117 454	2.066	1	0.474	0.213
出口目的国GDP>100亿美元且≤1 000亿美元	592 815	224 341	161 196	2.642	2	0.572	0.317
出口目的国GDP>1 000亿美元	600 701	179 035	122 288	3.355	2	0.607	0.350

资料来源：对 http：//comtrade. un. org/中 HS-6 分位产品进行整理计算后得到。

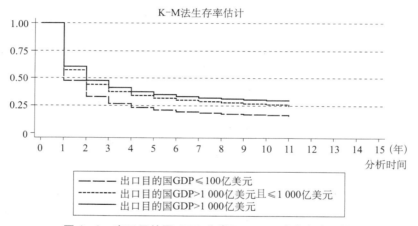

图4-3 出口目的国GDP分类下K-M法生存率比较

表4-6 出口目的国人均GDP分类下的中国出口贸易关系持续时间统计

分类	观测值的数量	持续时间段的数量	贸易关系数	生存时间		K-M法估计的生存率	
				均值	中位值	1	5
出口目的国人均GDP≤1 000美元	313 320	140 835	95 545	2.225	1	0.511	0.258
出口目的国人均GDP>1 000美元且≤5 000美元	501 643	198 698	147 657	2.525	2	0.557	0.303
出口目的国人均GDP>5 000美元	738 084	248 860	172 762	2.966	2	0.571	0.313

资料来源：对 http：//comtrade. un. org/中 HS-6 分位产品进行整理计算后得到。

所示。出口目的国人均 GDP 大于 5 000 美元贸易关系的生存时间均值最大，第 1 年和第 5 年的生存率最高，出口目的国人均 GDP 大于 1 000 美元且小于等于 5 000 美元的贸易关系次之，小于等于 1 000 美元的贸易关系生存时间均值和中位值都最小，其生存率也最低。从图 4-4 可以更为清晰地看到这三种分类的生存率曲线分布特征，而且，可以看出这三条生存率曲线相比图 4-3 而言差距并不大。从总体的分布规律来说，出口目的国人均 GDP 的分类特征与出口目的国 GDP 的分类特征基本类似。

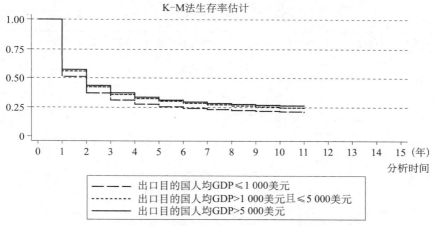

图 4-4　出口目的国人均 GDP 分类下 K-M 法生存率比较

三、地理距离的分类特征事实

两国之间的地理距离分类下中国出口贸易关系持续时间特征，如表 4-7 所示，两国之间地理距离大于 10 000 千米的贸易关系生存时间均值和中位值都最小，第 1 年和第 5 年的生存率也最低，两国之间地理距离小于等于 5 000 千米的贸易关系生存时间均值最大，生存率最高。生存率曲线分布特征如图 4-5 所示。通过 K-M 法估计的两国之间地理距离大于 10 000 千米的生存率曲线位于最下方，大于 5 000 千米且小于等于 10 000 千米的生存率曲线位于中间位置。最上方的为两国之间距离小于等于 5 000 千米的近距离国家间的贸易关系生存率曲线，但三条生存率曲线之间的差距并不大。

表4-7   两国之间的地理距离分类下中国出口贸易关系持续时间统计

分类	观测值的数量	持续时间段的数量	贸易关系数	生存时间		K-M法估计的生存率	
				均值	中位值	1	5
两国之间的地理距离≤5 000千米	225 669	72 877	45 124	3.097	2	0.579	0.319
两国之间的地理距离>5 000千米且≤10 000千米	805 771	269 623	170 158	2.989	2	0.558	0.300
两国之间的地理距离>10 000千米	521 607	193 866	122 311	2.691	1	0.530	0.282

资料来源：对 http://comtrade.un.org/中 HS-6 分位产品进行整理计算后得到。

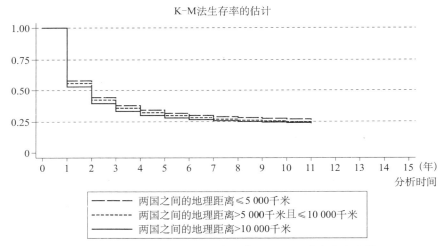

图4-5   两国之间的地理距离分类下 K-M 法生存率比较

四、共同语言的分类特征事实

两国之间是否使用共同语言分类下的持续时间特征，如表4-8所示。两国之间非同种语言的分类相比两国之间使用同种语言的分类，生存时间的均值更低，第1年和第5年的生存率也更低。图4-6更为直观地展示了以上两种分类的生存率分布特征，位于上方的曲线为两国之间使用共同语言情况下的生存率曲线，下方的曲线则为两国之间非共同语言分类下的生存率曲线，但两者之间差距并不大。另外，随着持续时间的延长，两条生存率曲线的差距逐渐在减小。到第 9 年之后，两条曲线几乎重合，这可能与出口过程中对出口目的国语言的熟悉程度有关，随着持续时间的延长，出口商逐渐掌握了目的国的语言，两国之间的语言障碍将会越来越小地影响其生存率，甚至最后影响消失。

表 4 - 8　　　　共同语言分类下的中国出口贸易关系持续时间统计

分类	观测值的数量	持续时间段的数量	贸易关系数	生存时间		K - M 法估计的生存率	
				均值	中位值	1	5
两国之间使用非共同语言	1 525 894	528 235	332 565	2.889	2	0.550	0.296
两国之间使用共同语言	27 153	8 131	5 028	3.339	2	0.620	0.324

资料来源：对 http：//comtrade. un. org/ 中 HS - 6 分位产品进行整理计算后得到。

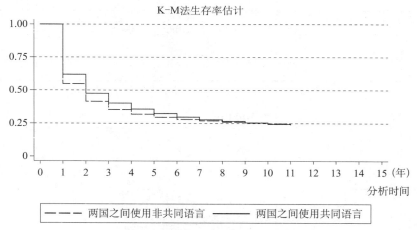

图 4 - 6　共同语言分类下 K - M 法生存率比较

五、营商便利指数的分类特征事实

营商便利指数是对世界银行营商环境项目所涉及的 10 个专题中的国家百分比排名的简单平均值进行排名，从 1～189 为经济体排名，第一位为最佳。[①] 排名越靠前，表示法规环境越有利于营商。表 4 - 9 为营商便利

---

① 本书的营商便利指数排名选用的是，各个国家 2012 年和 2013 年排名的均值。因为在 2012 年之前，很多国家都没有营商便利指数排名的数据。

指数排名分类下的中国出口贸易关系持续时间的分布特征表，营商便利指数排名小于等于 70 名时，贸易关系的生存时间均值最大，第 1 年和第 5 年 K - M 法估计的生存率最高。营商便利指数排名大于 70 名且小于等于 140 名时的贸易关系生存时间均值次之，大于 140 名时的生存时间均值最小，生存率也最低。生存率曲线的特征在图 4 - 7 中表现得更为直观，上面两条生存率曲线差距较小。

表 4 - 9 营商便利指数排名分类下中国出口贸易关系持续时间统计

分类	观测值的数量	持续时间段的数量	贸易关系数	生存时间		K - M 法估计的生存率	
				均值	中位值	1	5
营商便利指数排名 ≤70 名	664 532	214 305	136 063	3.101	2	0.575	0.316
营商便利指数排名 >70 名且 ≤140 名	589 449	203 291	127 092	2.900	2	0.552	0.298
营商便利指数排名 >140 名	299 066	118 770	74 438	2.518	1	0.506	0.255

资料来源：对 http：//comtrade. un. org/ 中 HS - 6 分位产品进行整理计算后得到。

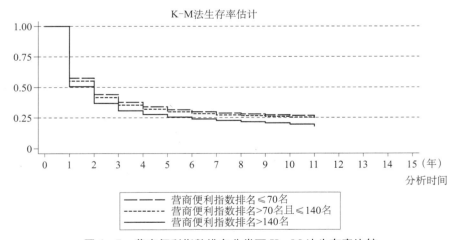

图 4 - 7 营商便利指数排名分类下 K - M 法生存率比较

六、汇率变动率的分类特征事实

汇率变动率是指，出口目的国当期相对于上期对美元汇率的变动率，按照汇率变动率对数值分类的中国出口贸易关系持续时间分布特征，见表4-10。按照汇率变动率对数值的大小分为三类，为出口目的国对美元汇率变动率对数值小于等于1、出口目的国对美元汇率变动率对数值大于1且小于等于5以及出口目的国对美元汇率变动率对数值大于5三种分类。值得注意的是，无论是生存时间还是K-M法估计的生存率，这三种分类之间的差距都不大，而且，生存时间和生存率的分布也没有规律，如图4-8所示。出口目的国对美元汇率变动率对数值大于1且小于等于5的生存率曲线位于出口目的国对美元汇率变动率对数值大于5的生存率曲线的下方。

表4-10　出口目的国对美元汇率变动率分类下中国出口贸易关系持续时间统计

分类	观测值的数量	持续时间段的数量	贸易关系数	生存时间		K-M法估计的生存率	
				均值	中位值	1	5
出口目的国对美元汇率变动率对数值≤1	1 016 082	372 744	251 924	2.726	1	0.557	0.302
出口目的国对美元汇率变动率对数值>1且≤5	437 718	191 900	135 615	2.281	1	0.533	0.279
出口目的国对美元汇率变动率对数值>5	99 247	41 873	30 290	2.370	1	0.568	0.320

资料来源：对 http：//comtrade.un.org/中 HS-6 分位产品进行整理计算后得到。

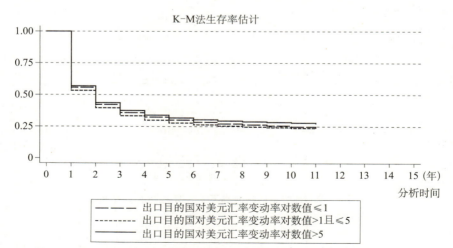

图4-8　出口目的国对美元汇率变动率对数值分类下 K-M 法生存率比较

七、东盟成员国的分类特征事实

东盟成员国分类下中国出口贸易关系的持续时间分布特征，如表 4-11 所示。[①] 相比出口目的国是东盟成员国的情形，出口目的国不是东盟成员国时其贸易关系的生存时间均值较小，第 1 年和第 5 年的 K-M 法估计的生存率也较低。这一点分布特征通过图 4-9 可以更为直观清晰地看到，出口目的国是东盟成员国的生存率曲线位于上方，而不是东盟成员国的生存率曲线则位于下方。

表 4-11　　　　东盟成员国分类下中国出口贸易关系持续时间统计

分类	观测值的数量	持续时间段的数量	贸易关系数	生存时间		K-M 法估计的生存率	
				均值	中位值	1	5
出口目的国不是东盟成员国	1 450 803	504 534	318 136	2.876	2	0.548	0.294
出口目的国是东盟成员国	102 244	31 832	19 457	3.212	2	0.598	0.333

资料来源：对 http：//comtrade. un. org/中 HS-6 分位产品进行整理计算后得到。

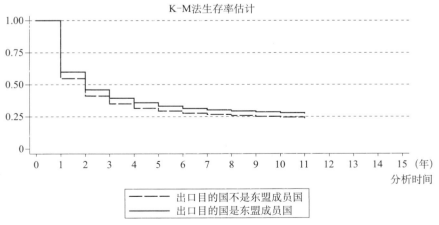

图 4-9　东盟成员国分类下 K-M 法生存率比较

[①]　东盟成员国名单参见 . http：//www. china-aseanbusiness. org. cn/。

第三节　中国出口持续时间的产品层面分类特征事实

本节将在产品层面标准中选择初始贸易额、差异化产品、出口国家数量以及出口产品种类4个分类标准。以下，将对产品层面分类下的中国出口持续时间的特征事实依次进行阐述。

一、差异化产品分类特征事实

比瑟德和普吕萨（Besedeš，Prusa，2006b）等曾根据劳奇（1999）的产品分类法，① 研究得出产品的不同分类下贸易关系的持续时间存在显著差异的结论。因此，本书为了验证其对中国出口贸易关系持续时间的影响，也引进了 Rauch 分类法将产品分为同质产品、参考价格产品以及差异化产品三种类型，Rauch 分类法又分为传统法和自由法两种分类。由于两种分类法下同种产品的持续时间分布没有显著差异，因此，本书仅参考传统分类法进行分类。在此，本书引用劳奇（1999）对这三种产品的定义，同质商品是指，那些在交易所交易的产品；参考价格产品是指，没有进行有组织的市场交易但拥有可以比较价格的产品，其他的都为差异化产品。以下，通过 K-M 法对全部样本左删失处理后的多个持续时间段进行生存时间分差异化程度估计。如表4-12所示，首先，三种不同类型的产品平均生存时间都偏短，均未超过4年。第5年的生存率也不高；其次，不同类型的产品无论是生存时间均值还是生存率相差均较大，尤其是同质产品与差异化产品，均值也相差较大。差异化产品的生存率以及生存时间均值、中位数均高于参考价格产品以及同质产品，这也进一步验证了比瑟德和普吕萨（Besedeš，Prusa，2006b）等得到的结论。

图4-10更为直观地体现了该出口贸易关系中差异化程度分类下不同种产品的持续时间分布的差异，差异化产品分布曲线在最上面，意味着同期生存率最高，贸易关系的持续时间最长。参考价格产品次之，同质产品

---

① 对同质产品、参考价格产品以及差异化产品的详细解释可参考 Rauch J. E. Networks versus Markets in International Trade. *Journal of International Economics*，Vol. 48，1999，pp. 7 – 35。

位于最下方，生存率最低，生存时间最短。根据邵军（2011）的解释，他认为差异化产品的替代性较低，进口商选择替代的成本将越高，因此，差异化产品相比非差异化产品而言，持续时间更长。

表4－12　　　　差异化产品分类下中国出口贸易关系持续时间统计

分类	观测值的数量	持续时间段的数量	贸易关系数	生存时间		K－M法估计的生存率	
				均值	中位值	1	5
差异化产品	1 498 896	483 736	291 649	3.099	2	0.594	0.349
参考价格产品	448 951	164 184	102730	2.734	1	0.556	0.284
同质产品	34 431	15 391	10 108	2.237	1	0.497	0.193

资料来源：对 http：//comtrade. un. org/中 HS－6 分位产品进行整理计算后得到。

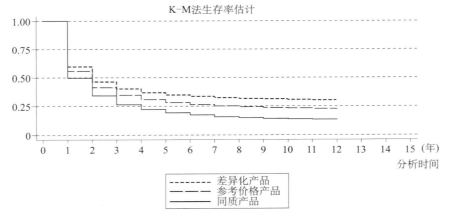

图4－10　差异化产品分类下 K－M 法生存率比较

二、初始贸易额分类的估计结果

比瑟德和普吕萨（Besedeš，Prusa，2006b）等曾指出，当其他影响贸易关系持续时间的因素相同时，初始贸易额越大，贸易持续时间将会更长。在本书中，将每个贸易关系第 1 年的贸易额简称为初始贸易额，鉴于以往的研究结论，在本书中也将研究初始贸易额对中国出口贸易持续时间的影响。表4－13 对全部样本左删失处理后的多个持续时间段进行分初始贸易额的生存时间估计，结果如表4－13 所示。通过 K－M 法估计，初始贸易额小于 10 万美元的贸易关系无论是 1 年还是 5 年的生存率都远低于初始贸易额大于 100 万美元的贸易关系。然而，初始贸易额大于等于 10 万美元小于 100 万美元的贸易关系与初始贸易额大于 100 万美元的贸易关系的生存率却相差不大。

表4-13　　初始贸易额分类下中国出口贸易关系持续时间统计

分类	观测值的数量	持续时间段的数量	贸易关系数	生存时间		K-M法估计的生存率	
				均值	中位值	1	5
初始贸易额≤100 000美元	1 832 570	625 866	393 898	2.928	1	0.565	0.315
初始贸易额>100 000美元且≤1 000 000美元	215 793	60 088	54 500	3.591	2	0.740	0.474
初始贸易额>1 000 000美元	32 348	9 684	8 816	3.34	2	0.752	0.461

资料来源：对·http：//comtrade. un. org/中 HS-6 分位产品进行整理计算后得到。

图 4-11 更为直观地体现了按照初始贸易额分类下中国出口持续时间的分布规律，初始贸易额越大，则该贸易关系的持续时间更长，这也进一步验证了赫斯和皮尔森（Hess，Persson，2011）等的结论。根据比瑟德和普吕萨（Besedeš，Prusa，2006a）的解释，初始贸易额越大，进出口双方对彼此的信心将越大，从而该贸易关系的持续时间也将更长。

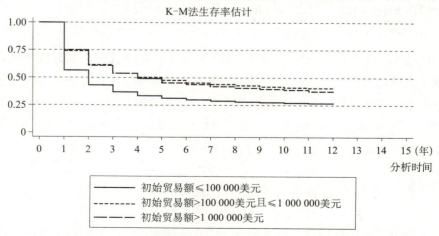

图4-11　初始贸易额分类下 K-M 法生存率比较

三、出口国家数量分类的估计结果

比瑟德（Besedeš，2013）为了测量产品—出口目的国组合的信息溢出效应引入了两个变量。第一个变量是同一产品的出口国数量，它表示同一种产品在同一年度出口的国家数量；第二个变量为同一目的国的出口产品种类，表示同一年度内向同一出口目的国出口的产品种类。前者测量产品出口经验，后者测量国家出口经验。本书参考比瑟德（Besedeš，2013）的做法，引入这两个变量来验证出口经验对出口持续时间的影响。表4-14对全部样本左删失处理后的多个持续时间段进行分出口国数量的生存时间估计，结果如下表所示，中国出口贸易关系的生存时间随着出口国家数量的增加而延长，1年或5年的生存率也随着出口国家数量的增加而提高。

表4-14　　　出口国数量分类下中国出口贸易关系持续时间统计

分类	观测值的数量	持续时间段的数量	贸易关系数	生存时间		K-M法估计的生存率	
				均值	中位值	1	5
出口国家数量≤50个	822 438	401 540	288 337	2.048	1	0.527	0.237
出口国家数量＞50个且≤100个	951 213	342 255	267 632	2.779	2	0.640	0.397
出口国家数量＞100个	307 060	109 237	98 340	2.811	2	0.737	0.538

资料来源：对 http://comtrade.un.org/中 HS-6 分位产品进行整理计算后得到。

图4-12为出口国数量分类下 K-M 法生存率比较图，更为直观地体现了出口国数量越多的产品生存率越高，生存时间越长。同一产品出口国数量小于等于50个的产品生存率曲线位于最下方，大于50且小于等于100个的产品生存率曲线次之，大于100个国家的产品生存率曲线位于最上方。

四、出口产品种类分类的估计结果

测量国家经验的同一目的国的出口产品种类的分类下，其生存时间以

及生存率都存在差异，如表 4 - 15 所示。出口到出口产品种类小于等于
1 000 种的目的国的产品生存率都最低，出口产品种类大于 1 000 种且小
于等于 1 700 种的产品则次之，出口产品种类大于 1 700 种的产品生存率
最高。图 4 - 13 更为直观地体现了同一目的国出口产品种类越多的产品生
存率更高的规律。

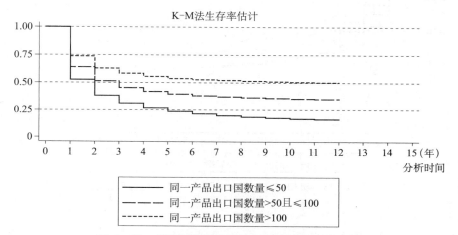

图 4 - 12　出口国数量分类下 K - M 法生存率比较

表 4 - 15　　　出口产品种类分类下中国出口贸易关系持续时间统计

分类	观测值的数量	持续时间段的数量	贸易关系数的个数	生存时间		K - M 法估计的生存率	
				均值	中位值	1	5
出口产品种类≤1 000 种	638 207	343 385	264 007	1.859	1	0.529	0.262
出口产品种类 >1 000 种且≤1 700 种	1 141 322	398 496	308 225	2.864	2	0.624	0.367
出口产品种类 >1 700 种	301 182	117 128	104 687	2.571	2	0.690	0.441

资料来源：对 http：//comtrade. un. org/中 HS - 6 分位产品进行整理计算后得到。

　　但是，就以上 11 种分类下中国出口贸易持续时间的分类估计结果而
言，仅能说明具备某种分类特征下产品生存率的分布特征。例如，差异化
产品相比另外两种非差异化产品而言其生存率更高，但无法说明差异化产

品是否降低了产品出口危险率。其他分类的产品也不例外，因此，还需要通过第五章的随机效应模型和绘图法的结果分析得到。

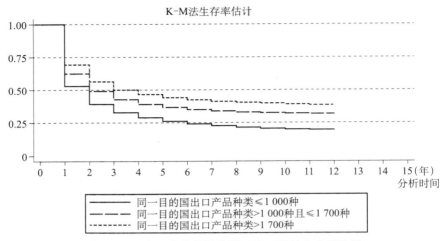

图 4－13　出口产品种类分类下 K－M 法生存率比较

第五章　中国出口贸易的结构特征

本章的主要目的是先通过数据统计和分析揭示中国出口贸易宏观层面的总体发展现状以及宏观结构特征，从而为中国出口贸易微观层面结构特征的描述性统计提供比较基础，也将更为全面地展示中国出口贸易的结构特征。

第一节　中国宏观层面出口贸易的总体情况

20 世纪 90 年代以来，中国出口贸易迅速发展，特别是加入 WTO 以后，中国出口贸易总体上主要呈现以下特点：

一、出口贸易规模不断扩大

根据中华人民共和国统计局网站的数据，2000～2015 年的中国出口总额情况，如表 5－1 和图 5－1 所示。除了 2009 年和 2015 年分别呈现 16% 和 2.9% 的负增长以外，2000～2015 年，其他年份的中国出口贸易总额总体上基本呈现逐年递增的趋势，从 2000 年的 20 634 亿元人民币增加到 2015 年的 141 167 亿元人民币，年平均增长速度为 17.5%，领先于世界平均增长水平。

表 5－1　　　　　2000～2015 年中国出口总额情况

年份	出口总额（亿元）	出口增长速度（%）	占世界出口总额的比重（%）
2000	20 634.4	27.8	3.9
2001	22 024.4	6.8	4.3
2002	26 947.9	22.3	2.0

续表

年份	出口总额 （亿元）	出口增长速度 （%）	占世界出口总额的 比重（%）
2003	36 287.9	34.6	5.8
2004	49 103.3	35.4	6.5
2005	62 648.1	28.4	7.3
2006	77 597.2	27.2	8.0
2007	93 627.1	25.7	8.8
2008	100 394.94	17.2	8.9
2009	82 029.69	－16.0	9.6
2010	107 022.84	31.3	10.4
2011	123 240.6	20.3	10.4
2012	129 359.25	7.9	11.2
2013	137 131.43	7.9	11.8
2014	143 883.75	6.1	12.3
2015	141 166.83	－2.9	13.8

资料来源：通过中华人民共和国国家统计局网站数据整理统计得到。

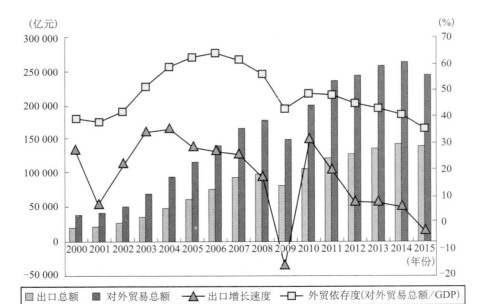

图 5－1　2000～2015 年中国对外贸易依存度变化

资料来源：通过中华人民共和国国家统计局网站的数据整理统计得到。

2010 年，在全球经济复苏乏力、美国金融危机和欧洲主权债务危机持续恶化的环境下，中国的对外贸易取得了不错的成绩，出口额再创历史新高。2010 年，中国出口贸易总额达到 107 023 亿元，同比增长 31.3%。自 2000 年以来，中国的出口总额一直延续良好的上升态势。虽然起源于2008 年的金融危机给中国的出口贸易带来了严峻的挑战，并使得 2009 年中国出口贸易同比下降 16%，但在 2010 年，中国的出口贸易实现了较为完美的复苏。自 2012 年以来，全球贸易的增长已经连续 5 年低于全球经济增长速度。第二次世界大战后以后，除个别危机年份，全球贸易的增长一直高于经济增长的速度，因此，贸易占全球 GDP 的比重一直呈稳步上升趋势。危机之前全球贸易增长快于经济增长，主要得益于国际分工的不断深化、贸易自由化导致的贸易壁垒的不断下降，以及技术进步导致的通讯和交通成本的降低等有利因素，但如今这一常态被打破。在全球贸易增长乏力的背景下，中国出口贸易的增长速度急剧下滑并且低于经济增长速度，2015 年和 2016 年更是连续两年出现了负增长，可以说，中国出口贸易的变化与全球贸易变化趋势基本保持一致。

虽然出口增长速度大幅度滑落，但中国货物贸易进出口和出口额仍然稳居世界第一，中国出口占世界货物贸易的比重并没有下降，国际市场份额进一步扩大，由 2008 年的 8.9% 上升至 2015 年的 13.8%，继续保持第一货物贸易大国的地位。这表明，中国出口贸易发展主要受外部需求的影响，但所受到的外部需求冲击要低于世界平均水平，这应该是中国出口产品国际竞争力的突出表现。

二、对外贸易依存程度呈现上升至回落的趋势

据国家统计局的数据显示，表 5-2 和图 5-1 呈现了 2000~2015 年中国对外贸易依存度情况，2000~2007 年，中国对外贸易依存度总体呈上升趋势，从 2000 年的 39.16% 上升至 2007 年的 61.77%。说明随着对外贸易的发展，中国经济增长对外的依赖程度不断提高，同时，也表明中国对外贸易开放程度日趋加深，中国更深层次地参与国际分工和竞争。与此同时，中国外贸依存度在经历了"入世"初期的快速增长后，从 2006 年的 64.24% 的高峰开始回落，2015 年的对外贸易依存度跌至 35.63%，下降

幅度较大。总的来说，中国对外贸易依存度在近几年虽有波动，但总体走向是下降的。

表5-2　　　　　　　　2000～2015年中国对外贸易依存度

年份	对外贸易总额 （亿元）	GDP （亿元）	外贸依存度（对外贸易 总额/GDP）%
2000	39 273.20	100 280.1	39.16
2001	42 183.60	110 863.1	38.05
2002	51 378.20	121 717.4	42.21
2003	70 483.50	137 422.0	51.29
2004	95 539.10	161 840.2	59.03
2005	116 921.80	187 318.9	62.42
2006	140 974.00	219 438.5	64.24
2007	166 924.10	270 232.3	61.77
2008	179 921.47	319 515.5	56.31
2009	150 648.06	349 081.4	43.16
2010	201 722.15	413 030.3	48.84
2011	236 401.99	489 300.6	48.31
2012	244 160.21	540 367.4	45.18
2013	258 168.89	595 244.4	43.37
2014	264 241.77	643 974.0	41.03
2015	245 502.93	689 052.1	35.63

资料来源：通过中华人民共和国国家统计局网站的数据整理统计得到。

第二节　中国宏观层面出口地理结构和区域结构特征

一、出口贸易的地理结构特征

表5-3描述了2007～2015年中国出口贸易对象中排名前九位的经济体所占的出口比重，在这期间欧盟、美国、日本等发达经济体的出口份额基本呈持续下降的趋势，对美国出口的比重从2007年的19.1%下降到2015年的18.0%，对日本出口比重的下降幅度也达到2.4%。与中国建立自由贸易区的东盟以及新兴市场国家的出口份额却不断攀升。例如，对东盟的出口比重从2007年的7.7%上升到2015年的12.2%，2015年对印

度、泰国和越南出口分别同比增长了7.4%、11.6%和3.9%。这也在一定程度上说明了中国近年来市场多元化成效显著,但是,从整体上来说,欧美日发达经济体市场的总出口份额仍然过大,2015年占到41.7%,几乎占到出口份额的一半。

从以上分析可知,中国出口地区结构过于集中的问题近年来虽有改善,但比重仍然失调。出口地区过于集中容易因为对方国家的经济危机或政治危机等原因导致出口不稳定,同时,还会导致贸易条件恶化、收入不稳定,甚至有可能出现贫困化增长现象。另外,魏浩(2007)指出,如果一个国家的出口目的地区结构过于集中,还会增加国际贸易摩擦发生的概率,一定程度上加重国际贸易摩擦的程度,增加国际贸易摩擦的次数。

表5-3 　　　　　2007~2015年中国出口贸易地理结构 　　　　单位:%

	2015 年	2014 年	2013 年	2012 年	2011 年	2010 年	2009 年	2008 年	2007 年
欧盟	17.7	18.7	18.4	19.4	21.8	22.5	22.0	24.0	23.6
美国	18.0	16.9	16.7	17.2	17.1	18.0	18.4	17.6	19.1
东盟	12.2	11.0	9.6	10.0	9.0	8.8	8.8	8.0	7.7
日本	6.00	6.4	6.8	7.4	7.8	7.7	8.1	8.1	8.4
韩国	4.5	4.3	4.1	4.4	4.4	4.4	4.5	5.2	4.6
荷兰	2.6	2.8	2.7	3.1	3.2	3.1	3.2	3.2	3.4
印度	2.6	2.3	2.2	2.3	2.7	2.6	2.5	2.2	2.0
俄罗斯	1.5	2.3	2.2	2.2	2.1	1.9	1.5	2.3	2.3
澳大利亚	1.8	1.7	1.7	1.8	1.8	1.7	1.7	1.6	1.5

资料来源:通过中国海关总署数据库的数据整理统计得到。

如表5-4所示,2015年,中国对亚洲、北美洲、欧洲、拉丁美洲、非洲和大洋洲的出口金额分别占中国出口总额的50.2%、19.3%、17.7%、5.8%、4.8%和2.2%。亚洲是我国最主要的出口市场,2013~2015年中国每年一半以上的商品出口至亚洲,出口至亚洲的商品金额同比下降了4.0%,高于中国出口总额2.9%的同比降幅。此外,2015年,中国对非洲的出口金额同比增长了2.4%,达到1086.93亿美元。2015年,中国对北美洲、非洲和大洋洲的出口金额同比有所增长,对亚洲、欧洲和拉丁美洲的出口金额同比下降。

表 5 - 4 　　　　　2013～2015 年中国对各洲的出口额占比和增长情况

	2013 年		2014 年		2015 年	
	同比%	占比%	同比%	占比%	同比%	占比%
亚洲	12.7	51.4	4.8	50.8	-4.0	50.2
北美洲	2.3	18.4	8.3	18.7	-2.9	19.3
欧洲	4.6	18.0	7.2	18.2	-8.1	17.7
拉丁美洲	-0.8	6.1	1.5	5.8	-2.9	5.8
非洲	8.6	4.2	14.4	4.5	2.4	4.8
大洋洲	-0.7	2.0	4.3	2.0	8.6	2.2

资料来源：2013～2015 年中国出口分析。

二、对外贸易区域结构特征

从对外贸易的区域结构来看，中国东部、中部、西部各地区的贸易发展水平差距很大，结构呈现明显的不平衡。从表 5 - 5 可见，整体上来看，对外贸易发展水平较高的是东部地区各省市，中西部地区相比东部地区省市而言，贸易发展水平偏低，差距明显。东部地区的省市，如广东、江苏、上海、浙江等无论从出口额还是从进口额来看都名列前茅。随着"西部大开发"和"中部崛起"战略的不断推进，中西部地区外贸发展潜力逐步显现，东部沿海部分地区的外向型产业已经开始出现向中部地区甚至是西部地区转移的趋势，由此提升了近年来中部地区和西部地区的对外贸易规模增长速度，而东部沿海地区的对外贸易增长趋势开始逐步放缓。2006 年，中西部地区的省（自治区）的出口额占比仅为 8.08%，但至 2015 年年底，中西部地区的这一比例已上升至 16.26%，翻了一倍。另外，值得一提的是，西部地区的出口额占比在 2012 年第一次超越了中部地区，至2015 年为止一直保持着微弱的优势。

表 5 - 5 　　　　　　2006～2015 年中国东中西部出口额占比　　　　　单位:%

地区	2006 年	2007 年	2008 年	2009 年	2010 年	2011 年	2012 年	2013 年	2014 年	2015 年
东部	91.9	91.2	89.8	91.1	90.1	88.2	85.9	84.7	83.0	83.7
中部	4.6	4.9	5.6	4.6	5.3	6.1	6.9	7.3	7.8	7.8
西部	3.5	3.9	4.6	4.3	4.6	5.7	7.3	8.1	9.3	8.4

资料来源：通过中国国家统计局网站的数据整理统计得到。

注：东部 11 省市包括北京、天津、河北、辽宁、上海、江苏、浙江、福建、山东、广东和海南；中部 8 省包括山西、吉林、黑龙江、安徽、江西、河南、湖北和湖南；西部 12 省区市包括内蒙古、广西、四川、重庆、贵州、云南、西藏、陕西、甘肃、青海和新疆。

广东、江苏和浙江是中国主要出口货源地，2015 年这三个省的出口总额分别占我国出口总额的 28.3%、14.8% 和 12.2%，合计占比 55.4%。

第三节　中国宏观层面出口贸易的产品结构特征

一、根据商品协调制度与商品归类协调制度分类的产品结构特征

根据 HS 编码分类的主要产品结构特征，如表 5-6 所示。2015 年，中国的出口商品结构中，出口所占比例最大的分别是机电设备（HS85）和机械器具（HS84），2015 年二者所占的比例分别为 26.15% 和 16.00%，对于机电设备，相比 2011 年而言增加了 2.68%，但是，机械器具的比重则回落了 2.63%。

表 5-6　　　2011～2015 年根据 HS 编码分类主要产品出口额情况　　单位：亿美元

产品	2015 年	2014 年	2013 年	2012 年	2011 年
纺织纱线、织物及制品	1 095.0	1 121.4	1 069.4	957.8	946.4
服装及衣着附件	1 742.8	1 862.8	1 770.5	1 591.4	1 531.7
鞋类	535.3	562.5	507.6	468.1	417.2
家具及其零件	528.0	520.2	518.3	488.2	379.3
自动数据处理设备及其部件	1 523.1	1 817.2	1 821.7	1 853.2	1 763.3
手持或车载无线电话机	1 237.3	1 153.6	951.0	810.2	627.6
集装箱	76.7	90.0	78.8	84.2	113.9
液晶显示板	309.7	317.9	358.6	362.5	295.0
汽车及汽车底盘	112.3	126.2	119.9	126.7	99.4
机电产品	13 107.2	13 109.0	12 655.3	11 794.2	10 850.2
高新技术产品	6 552.1	6 605.3	6 603.3	6 012.0	5 485.4

注："机电产品"和"高新技术产品"包括部分相互重合的商品。

资料来源：通过中国商务部网站的数据整理统计得到。

2015 年，中国机电产品的出口额为 13 107.2 亿美元，与 2014 年持平；高新技术产品出口额为 6 552.1 亿美元，同比下降 0.5%；纺织纱线、织物及制品的出口额为 1 095.0 亿美元，同比下降 2.4%；服装类产品的出口额为 1 742.8 亿美元，同比下降 6.4%。从数据可以看出，2015 年无

论是传统类纺织和服装类产品还是机电产品和高新技术产品的增长速度都呈现负增长，并且，传统的纺织和服装类产品的下滑速度更大，这足以看出低迷的世界经济形势已经对中国的外贸增长态势产生了极大影响。同时，也一定程度上说明了中国历年来调整出口产品结构的政策对出口实践带来的影响。

二、根据国际贸易标准分类的产品结构特征

表 5-7 和图 5-2 从初级产品和工业制成品分类的角度描述了 2000～2015 年中国出口贸易的产品结构特征。随着对外贸易规模的扩大，整体上来看，中国出口产品结构也在不断改善。其中，工业制成品的比重在持续上升，从 2000 年不到 90% 的比重上升到了 2015 年的 95.43%，初级产品比重的变化趋势恰好相反，从 2000 年占比 10.22% 下降到了 2015 年底的 4.57%，这个特征也可通过图 5-2 更为直观地看到。

表 5-7　　　　　各类产品出口占中国出口总额的比重及增长率　　　　单位：%

年份	出口商品中初级产品比重	初级产品出口增长率	出口商品中工业制成品比重	工业制成品出口增长率
2000	10.22	27.68	89.78	27.86
2001	9.90	3.45	90.10	7.16
2002	8.77	8.36	91.23	23.90
2003	7.94	21.98	92.06	35.80
2004	6.83	16.48	93.17	37.02
2005	6.44	20.93	93.56	28.96
2006	5.46	7.92	94.54	28.49
2007	5.05	16.23	94.95	26.23
2008	5.44	26.74	94.56	16.99
2009	5.25	-19.04	94.75	-15.84
2010	5.17	29.43	94.83	31.41
2011	5.13	23.09	94.87	20.17
2012	4.91	0.01	95.09	8.36
2013	4.86	6.67	95.14	7.88
2014	4.81	5.06	95.16	6.08
2015	4.57	-7.78	95.43	-2.69

资料来源：通过中华人民共和国国家统计局网站的数据整理统计得到。

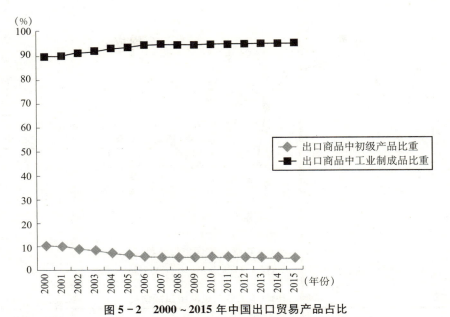

图 5-2　2000～2015 年中国出口贸易产品占比

资料来源：通过中华人民共和国国家统计局网站的数据整理统计得到。

图 5-3 为 2000～2015 年中国出口贸易中的工业制成品与初级产品的出口增长率变化趋势图，这两类产品的出口增长率波动较大，尤其以 2009 年金融危机发生前后下降最为明显。2011 年，工业制成品的出口增长率下降更为明显，增长速度要小于初级产品的增长速度。除此之外，在 2012 年两者的增长率更是到达谷底，初级产品出口增长率仅为 0.01%，工业制成品的出口增长率也仅为 8.36%。这说明了由美国次贷危机引发的金融危机以及欧洲国家近年来陆续发生的主权债务危机，使得中国出口增长率接连下降，直至 2012 年跌到谷底。究其原因，和中国出口结构中出口市场过于集中以及出口产品过于集中有着紧密的联系。2012 年之后，无论是初级产品还是工业制成品的出口增长率都在继续下滑，直至 2015 年年底，两者的增长率均呈现负增长。

从表 5-8 可以看出，2010～2015 年，机械及运输设备出口在工业制成品进出口中所占比例最大，2015 年，在工业制成品出口中，按其所在比例排序依次是机械及运输设备、杂项制品、按原料分类的制成品、化学品及有关产品、未分类的其他商品。

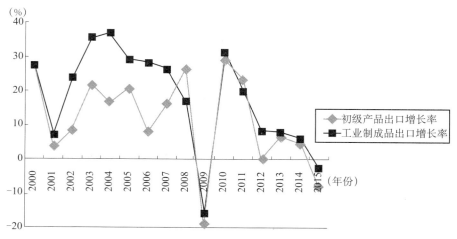

图 5 - 3　2000～2015 年中国出口贸易增长率

资料来源：通过中华人民共和国国家统计局网站的数据整理统计得到。

表 5 - 8　　　　　2000～2015 年工业制成品出口额情况　　　单位：百万美元

年份	化学品及 相关产品	按原料分类 的制成品	机械及运输 设备	杂项制品	未分类的 其他商品
2000	12 098	42 546	82 600	86 278	221
2001	13 352	43 813	94 901	87 110	584
2002	15 325	52 955	126 976	101 153	648
2003	19 581	69 018	187 773	126 088	956
2004	26 360	100 646	268 260	156 398	1 112
2005	35 772	129 121	352 234	194 183	1 606
2006	44 530	174 816	456 343	238 014	2 315
2007	60 323.85	219 877.2	577 044.66	296 844.46	2 176.49
2008	79 346.42	262 391.22	673 329.15	335 959.32	1 710.03
2009	62 017.02	184 815.98	590 274.47	299 746.87	1 629.13
2010	87 571.93	249 108.07	780 268.76	377 651.93	1 467.88
2011	114 788	319 560	901 774	459 370	2 343
2012	113 565.36	333 140.81	964 361.3	535 671.87	1 416.79
2013	119 617.54	360 606.39	1 038 534.39	581 249.01	1 729.05
2014	134 543.23	400 224.21	1 070 504.35	622 061.62	2 267.16
2015	129 579.57	391 017.71	1 059 118.22	587 444.66	2 380.94

资料来源：通过中华人民共和国国家统计局网站的数据整理统计得到。

三、根据国际贸易产品分类标准具体分类的产品结构特征

联合国的标准国际贸易产品分类将产品分为 10 类，依次为食品及主要供食用的活动物类、饮料及烟类、非食用原料类、矿物燃料、润滑油及相关原料类、动植物油脂及蜡类、化学品及相关产品类、轻纺产品、橡胶制品、矿冶产品及其制品类、机械及运输设备类、杂项制品类及未分类其他商品。前五类为初级产品，后五类为工业制成品。图 5-4 和图 5-5 为根据该分类对 2004 年和 2015 年中国出口贸易产品比重的特征进行的描述。初级产品的出口，主要为食品及住院供食用的活动物类、非食用原料类及矿物燃料、润滑油及相关原料类，其他商品所占比重都很小。在工业制成品中，化学品及相关产品类所占的比重比较稳定，占到整体比重的 4% ~ 8%，在出口中份额较低。轻纺产品、橡胶制品、矿冶产品及其制品类产品在出口中所占的比重在 2004 ~ 2015 年比重扩大，2004 年这一比重仅为 16.96%，到 2015 年该比重上升至 23.22%。机械及运输设备类产品在出口中所占的比重最大，而且呈上升趋势，从 2004 年 45.21% 的比重上升到了 2015 年的 62.91%。此类产品在中国出口中占绝对的主导地位。因此，从整体来看，10 类产品中一直由机械及运输设备类、轻纺产品、橡胶制品、矿冶产品及其制品类产品两类占据主导地位，这两类比重几乎占到总体比重的 90%。

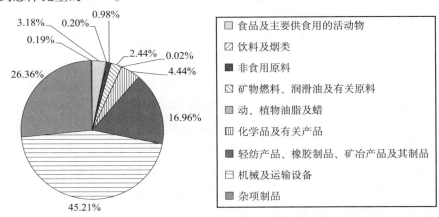

图 5-4　2004 年按 SITC 分类下的行业出口比重

资料来源：通过中华人民共和国国家统计局网站的数据整理统计得到。

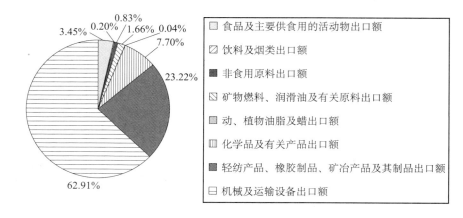

图 5-5 2015 年按 SITC 分类下的行业出口比重

资料来源：通过中华人民共和国国家统计局网站的数据整理绘制得到。

第四节 中国宏观层面出口贸易的其他结构特征

一、中国出口贸易方式的结构特征

2007 年，中国启动了加工贸易的转型升级。近年来，中国通过各种方式，积极调整对外贸易结构，对外贸易方式得到了持续不断地优化。2015 年，中国的对外贸易方式持续得以优化。出口方面，2006 年，中国的一般贸易出口额占出口总值的比例为 43.0%，此后逐年增加，到 2015年，这一比例增加到 53.4%，增加了 10.4%。

根据贸易方式的分类，2006～2015 年，中国的出口额及比重情况，如表 5-9 所示。2015 年，中国一般贸易出口 12 157 亿美元，同比增长1.0%，占出口总额的 53.4%，比 2014 年提高 2.1%；加工贸易出口7 977.9 亿美元，下降 9.8%，占出口总额的 35.1%，比 2014 年下降2.7%。跨境电子商务、市场采购贸易等新型商业模式发展迅速，逐步成为外贸发展的新热点。2015 年，跨境电子商务增长 30% 以上，市场采购贸易方式出口增长 60% 左右，见表 5-10。

表 5 - 9　　　　　　　根据贸易方式分类的出口额及比重

年份	一般贸易出口额（亿美元）	一般贸易出口比重%	加工贸易出口额（亿美元）	加工贸易出口比重%	其他贸易出口额（亿美元）	其他贸易出口的比重%
2006	4 163.2	43.0	5 103.6	52.7	423.8	4.4
2007	5 385.8	44.1	6 175.6	50.6	623.2	5.1
2008	6 625.8	46.3	6 751.1	47.2	927.2	6.5
2009	5 298.3	44.1	5 868.6	48.9	849.4	7.1
2010	7 207.3	45.7	7 402.8	46.9	1 168.6	7.4
2011	9 171.2	48.3	8 352.8	44.0	1 460.6	7.7
2012	9 880.1	48.2	8 627.8	42.1	1 990.4	9.7
2013	10 875.3	49.2	8 608.2	39.0	2 616.7	11.8
2014	12 036.8	51.4	8 843.6	37.7	2 547.1	10.9
2015	12 157.0	53.4	7 977.9	35.1	2 614.6	11.5

资料来源：通过《中国贸易外经统计年鉴》的数据整理统计得到。

表 5 - 10　　　　　　　根据贸易方式分类的出口额　　　　　　单位：千美元

年份	一般贸易出口额	来料加工装配贸易出口额	进料加工贸易出口额
2006	416 320 761	94 482 771	415 896 603
2007	538 575 786	116 043 132	501 612 787
2008	662 583 539	110 519 747	564 662 694
2009	529 833 069	93 422 834	493 557 867
2010	720 733 435	112 316 810	628 016 727
2011	917 123 799	107 653 206	727 762 974
2012	988 006 692	98 866 255	763 913 127
2013	1 087 553 442	92 478 652	768 337 408
2014	1 203 681 777	90 691 798	793 668 112
2015	1 217 252 624	84 097 457	713 691 642

资料来源：通过中华人民共和国海关总署数据库的数据整理统计得到。

在加工贸易方式中，来料加工装配贸易出口和进料加工贸易出口所占比例逐年减小，二者的比例分别从 2006 年的 9.7% 和 42.9% 下降到 2015 年的 8.7% 和 31.4%，分别下降了 1.0% 和 11.5%。

二、中国出口贸易的企业性质结构特征

民营企业经营机制灵活，适应环境能力强，在严峻复杂的形势下仍实现出口正增长，在中国外贸中的地位和作用进一步提升。从表 5 - 11 可以

看出，2006～2015年，国有企业出口比重和外商投资企业出口比重呈现下降趋势，以民营企业为主体的其他企业出口比重呈现逐年上升的特征。2015年，中国民营企业出口1.03万亿美元，同比增长1.8%，比2014年提高2.1%，占出口总额的比重为45.2%，占比第一次超过外商投资企业。外商投资企业出口1万亿美元，同比下降6.5%，占出口总额的比重为44.2%。国有企业出口2 424亿美元，同比下降5.5%，占出口总额的比重为10.7%。

表5－11　　　　　　　　出口贸易的企业性质特征　　　　　　　　单位:%

年份	国有企业出口比重	外商投资企业出口比重	其他企业出口比重
2006	19.7	58.2	22.1
2007	18.5	57.1	24.4
2008	18.0	55.3	26.7
2009	15.9	55.9	28.2
2010	14.9	54.6	30.5
2011	14.1	52.4	33.5
2012	12.5	49.9	37.6
2013	11.3	47.3	41.5
2014	10.9	45.9	43.1
2015	10.7	44.2	45.2

资料来源：通过国研网对外经贸数据库的数据整理统计得到。

三、中国服务贸易的特征

2014年，中国服务进出口总额首次突破了6 000亿美元大关，达到6 043亿美元，比2013年增长12.6%。高端服务贸易增长迅猛，高端服务进出口快速增长提升了中国服务业现代化水平，为中国产业结构调整做出了积极贡献。2015年，中国服务贸易进出口总额进一步增长，达到7 130亿美元，同比增长14.6%，增速在2014年的基础上再提高3%。其中，服务贸易出口2 881.9亿美元，增长9.2%；服务进口4 248.1亿美元，增长18.6%；服务贸易逆差缩减至1 366.2亿美元，见图5－6。

近年来，中国服务贸易的全球地位稳步提升，"十二五"期间，中国服务贸易年均增长超过13.6%，服务进出口全球排名不断提升。2015年，全球各国服务贸易的出口份额特征，如表5－12所示。据世界贸易组织公布的数据显示，2015 年中国服务出口与进口增长速度均大幅高于全球水平，服务出口额与进口额的全球占比分别达到 4.9% 和 9.6%，服务贸易总额位居全球第二位，其中，服务进口额与排名第一的美国差距大幅缩小至 320 亿美元。

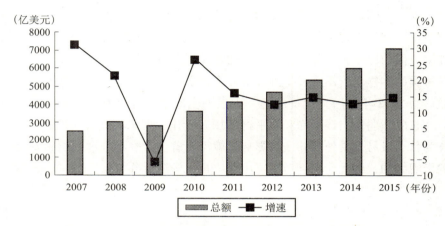

图 5-6 2007～2015 年中国服务贸易进出口总额及增速情况

资料来源：根据中华人民共和国商务部服务贸易和商贸服务业司网站数据绘制而得。

表 5-12　　　　2015 年全球各国服务贸易的出口份额情况　　　　单位:%

	出口金额（亿美元）	占全球出口份额	进口金额（亿美元）	占全球进口份额
世界	4 675	100.0	4 570	100.0
美国	690	14.8	469	10.3
英国	341	7.3	205	4.5
中国	288	4.9	425	9.6
德国	246	5.3	292	6.4
法国	239	5.1	224	4.9
日本	158	3.4	174	3.8

资料来源：中国数据来源于中华人民共和国商务部服务贸易和商贸服务业司，其他国家数据来自世界贸易组织。

第五节　中国微观层面的出口增长结构特征

根据企业异质性贸易模型的内容，一国的出口增长主要是沿着出口深化和出口广化来实现的（Melitz，2003；Bernard et al.，2003；Hummels，

Klenow，2005）。从产品层面来讲，出口深化意味着一国的出口增长主要来源于现有出口产品在现有市场上单一方向上量的扩张；出口广化则表明，一国出口增长主要是基于出口国家市场的增长以及出口产品种类的增加。如果一国的增长主要来源于出口深化的增长，意味着出口市场的集中，那么，随之而来的就是贸易条件的恶化、国民收入的下降及低增长甚至贫困化增长等现象的发生，同时，也极易受到外部冲击的影响。但是，如果一国的增长主要源于出口广化的增长，出口市场的多元化以及出口产品种类的多样化既不容易受到外部冲击，也不容易出现贸易条件恶化等现象。由 2008 年美国"次贷危机"引发的全球金融危机充分暴露了中国出口增长的脆弱性，钱学锋和熊平（2010）指出，要深入理解中国的出口增长为什么极易遭受外部冲击的影响，就需要着重考察和把握中国贸易增长的微观结构，因此，以下对中国出口增长结构进行分解。

一、 数 据 和 处 理 说 明

本书从产品层面采用阿姆-帕切科和彼罗拉（Amurgo-Pacheco，Pierola，2008）对出口深化和出口广化的定义方法，将出口深化界定为老产品出口到老市场，即过去已经出口的产品继续出口到过去已经出口过的目的市场，出口广化界定为老产品到新市场与新产品到新市场之和。老产品到新市场是指，过去已经出口过的产品出口到新的目的市场，新产品到新市场是指，过去没有出口过的产品出口到新的目的市场。如图 5－7 所示，粗线框代表的老产品到老市场为出口深化部分，那么，出口广化就包括细线框中新产品到新市场、新产品到老市场以及老产品到新市场三部分。借鉴黄先海和周俊子（2011）对出口地理广化和出口产品广化的定义，出口广化包括出口地理广化和出口产品广化，广义的地理广化包括老产品到新市场、新产品到新市场的出口；产品广化包括新产品到老市场、新产品到新市场的出口，但为了避免重复计算两者之间的公共部分——新产品到新市场，文章将新产品到新市场的出口完全划入产品广化范畴，定义老产品到新市场的出口为狭义的地理广化。但本书与之不同的是，本书第七章或第八章如果探讨出口持续时间对新产品进入新市场的影响，那么，代替出口经验的平均出口持续时间变量的测量结果只能为 0。因此，第七章的出口地理广化仅指老产品进入新市场。第八章的出口产品广化仅指新产品进入老市场。图5-7中，出口深化和出口广化的定义为广义的定义，出口深化即老产品出口到老市场，出口广化包括老产品到新市场、新产品到老市场以及新产品到新市场三部分。但表5-13中，对出口广化内部结构的分解考虑到新产品到新市场的重复部分以及第七章和第八章的需要，仅将老产品到新市场定义为出口的地理广化，新产品到老市场定义为出口的产品广化。因此，表5-13中的出口广化仅包括老产品到新市场以及新产品到老市场。

图5-7 关于出口增长结构的分解

表5-13　　　　　　　2000～2012年出口深化和出口广化结构　　　　单位：百万美元

年份	老产品到老市场	老产品到新市场	新产品到老市场	新产品到新市场
2000	229 301.1	12 176.7	38.7	13.3
2001	243 725.8	14 656.4	18.4	6.6
2002	295 136.7	20 672.4	54.2	114.2
2003	387 611.9	36 730.0	91.8	108.7
2004	514 495.5	59 898.7	162.5	202.4
2005	646 784.8	90 185.4	261.3	214.8
2006	796 606.3	141 192.1	674.2	471.0
2007	962 675.6	221 138.8	930.8	474.6
2008	1 095 920.0	291 603.9	1 482.8	352.0
2009	930 862.4	234 796.6	975.3	266.3
2010	1 210 434.0	317 422.3	1 355.5	300.5
2011	1 440 289.0	397 209.7	1 968.9	723.1
2012	1 567 379	418 552.3	2 488.7	754.7
总数	1.03e+7	2 256 235	10 503	4 002

资料来源：对 http://comtrade.un.org/ 中 HS-6 分位产品进行整理计算后得到。

根据上述定义，本书采用 UN-COMTRADE 上 1996～2012 年中国的5084 种出口到 226 个国家的 HS 96 六分位的贸易数据，对中国 2000～2012 年的出口增长结构进行了分解。

二、出口增长结构的分解

出口深化和出口广化的分解，需要对新产品、老产品以及新市场和老市场分别做详细的界定。现有研究文献中有一年期比较界定法（Amiti，Freund，2008），也有多年期比较界定法（Amurgo-Pacheco，Pierola，2008；黄先海，周俊子，2011）。本书为了减少产品进入退出市场不稳定性带来的影响，本节参考后者中黄先海和周俊子（2011）的做法，采用多年期比较界定法。本书将以 2000 年为分界年份，1996～1999 年的数据为新老市场和新老产品的界定参照组，于是，最终研究样本包括 2000～2012 年中国对 226 个目标国市场的产品出口。

新老产品的界定以 1996～1999 年中国产品 i 的总出口额 V_{it} 为研究对象，当产品 i 在 1996～1999 年任一 t 年有正的出口额时，令 $P(V_{it} > 0) = 1$；当产品 i 在 t 年没有出口额时，令 $P(V_{it} > 0) = 0$。同时，当这 4 年中有 3 年（无论是否为连续年份）都有出口的产品为老产品，这时令 $i = 1$，否则为新产品，$i = 2$。

新老市场的界定，则以 1996～1999 年中国对目标市场 c 出口产品 V_{cit} 为研究对象。按同样的逻辑，当 t 年中国产品 i 对目标市场 c 有正的出口额时，也令 $P(V_{cit} > 0) = 1$；当 t 年中国对目标市场 c 不出口产品 i 时，$P(V_{cit} > 0) = 0$。但对新老市场的界定则相对来说复杂一些，黄先海和周俊子（2011）指出，传统的地理多样化是从国家层面定义出口广化，只要上一年度有一种产品出口到新目标市场，这个目标市场立即变为旧目标市场，这明显扭曲了地理广化驱动的多样化。因此，本书第五章也参考黄先海和周俊子（2011）的方法按照上一级产业层面来界定新产品的新老市场。对于老产品，1996～1999 年中有任何 3 年出口的为老市场，否则为新市场。但对于新产品，如果其同品目产品集 I_i（6 位码的前 4 位码相同）中有产品 j 是老产品到老市场的出口，则断定该出口目的市场为老市场，否则为新市场。

$$c\big|_{i=1} = \begin{cases} 1, \text{if } \sum_{1996}^{1999} p(V_{cit} > 0) \geqslant 3 \\ 2, \text{otherwise} \end{cases} \qquad (5-1)$$

$$c\big|_{i=2} = \begin{cases} 1, \text{if } \exists j \in I_i, c\big|_{j=1} = 1 \\ 2, \text{otherwise} \end{cases} \qquad (5-2)$$

按照以上定义，当 $i=1$、$c=2$ 时为出口的地理广化，当 $i=2$、$c=1$ 时为新产品进入老市场，当 $i=2$、$c=2$ 时为新产品进入新市场，后两者本章将其划入出口的产品广化中。当然，当 $i=1$、$c=1$ 时的出口，即为出口的深化部分。

结果如表 5-13 和表 5-14 所示，表 5-13 和表 5-14 分别为 2000～2012 年出口深化和出口广化的出口总额以及百分比。两个表中的第一列说明，代表出口深化的老产品到老市场的出口总额占绝对比重，平均比重占到 85.56%，比重排名第二的为出口广化中的老产品到新市场的出口总额，而新产品到老市场以及新产品到新市场的比重都较小。2000～2012 年，两者之和的比重都未超过 1%；2000～2012 年，总的出口广化的平均比重为 14.44%。这表明，中国的出口增长主要源于数量扩张型增长。但是，值得注意的是，代表出口深化的老产品到老市场的出口部分的比重有下降的趋势，2000 年该比重占到接近 95%。但到 2012 年，该比重已经不足 80%，与之相反的是，出口广化中的三部分的比重都有不同程度的提高，尤其以老产品到新市场的出口比重上升趋势最为明显，2000 年该比重仅为 5%，但 2012 年已经上升到 21%，比重的上升势头强劲。出口深化和出口广化比重的变化趋势，可以从图 5-8 中更为直观地看到，2000～2012 年出口深化部分基本呈逐年下降的趋势，而出口广化部分呈逐年上升的趋势。这在一定程度上说明中国的出口多样化水平得到了逐步提高，可见，20 世纪 90 年代以来实施的出口多样化政策已经初见成效，尤其是对于出口市场多元化的促进政策的成效显著。但不可否认的是，中国出口广化的空间仍很大。

表 5-14　　　　　　　2000～2012 年出口深化和出口广化的比重　　　　　　单位:%

年份	老产品到老市场	老产品到新市场	新产品到老市场	新产品到新市场
2000	94.94	5.04	0.02	0.02
2001	94.32	5.67	0.01	0.01
2002	93.40	6.54	0.02	0.02
2003	91.30	8.65	0.02	0.02
2004	89.51	10.42	0.03	0.03
2005	87.71	12.23	0.04	0.04
2006	84.84	15.04	0.07	0.07
2007	81.22	18.66	0.08	0.08
2008	78.88	20.99	0.11	0.11

续表

年份	老产品到老市场	老产品到新市场	新产品到老市场	新产品到新市场
2009	79.77	20.12	0.08	0.08
2010	79.14	20.75	0.09	0.09
2011	78.27	21.59	0.11	0.11
2012	78.80	21.04	0.13	0.13
总数	81.94	17.95	0.08	0.08

资料来源：对 http：//comtrade. un. org/中 HS－6 分位产品进行整理计算后得到。

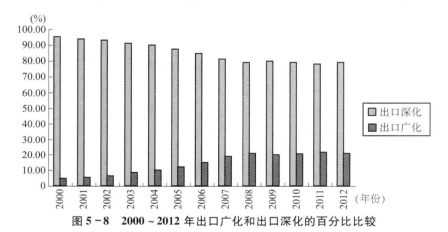

图 5－8　2000～2012 年出口广化和出口深化的百分比比较

资料来源：对 http：//comtrade. un. org/中 HS－6 分位产品进行整理计算绘制而得。

　　图 5－9 描绘了 2001～2012 年出口深化和出口广化的增长率趋势。首先，受 2009 年国际金融危机的影响，出口深化和出口广化的增长率在 2009 年都出现了负增长，除此之外，两者的增长率都为正值。其次，代表出口深化增长率的曲线位于代表出口广化增长率曲线之下，这意味着，出口深化的增长率相比出口广化的增长率而言逊色不少，出口广化的年均增长率已达到 37.04%，而出口深化的年均增长率仅为 18.15%。

　　出口多样化的方式，包括出口地理多元化与出口产品多样化，即出口地理广化和出口产品广化，前面已经提到鉴于第七章、第八章平均出口持续时间测算的需要，表 5－15 中的出口广化仅包括老产品到新市场以及新产品到老市场的出口部分，没有讨论新产品到新市场的出口。第三列的数据为出口的地理广化，第五列为出口的产品广化，第四列、第六列分别为单位种类地理广化以及单位种类产品广化。不难发现，中国出口广化的绝大部分都为出口地理广化，出口产品广化的比重偏低，通过图 5－10 可以更为直观地体现，出口产品广化的比重线几乎与横轴重合。出口地理广化的比重线几乎和100%的水平线重合。相对于出口地理广化，出口产品广化发展滞后，但是，从表5-15中可以看到，2000~2012年，每年出口产品广化创造的出口规模要比出口地理广化创造的出口规模大很多。这意味着，新产品种类的创汇能力更大。这种结论发生的原因参考周俊子（2011）的解释。首先，相比地理广化的产品主要来源于传统附加值不高、技术含量较低的中低端产品，产品广化更多地锁定于高附加值、高技术层次产品的开发与出口。因此，占领着国际分工的较高点，这为新产品单位种类的较高出口额创造了有利条件。其次，地理广化的产品种类大多为基数较大的老产品，老产品可以通过市场的多元化来扩展贸易从而使得总出口规模明显增长。同时，由于样本区间较短，短期来看出口的新产品种类较少且不够稳定，因而，产品广化的总出口规模一定不如地理广化。

图5-9 出口深化与出口广化的增长率

资料来源：对 http：//comtrade. un. org/中 HS-6 分位产品进行整理计算绘制而得。

表5-15　　　　　　　2000~2012年出口广化的内部结构分解

年份	出口广化 （百万美元）	出口地理广化 （百万美元）	单位种类 地理广化 （万美元）	出口产品广化 （百万美元）	单位种类 产品广化 （万美元）
2000	12 215. 4	12 176. 7	13. 7	38. 7	49. 0
2001	14 674. 8	14 656. 4	14. 4	18. 4	16. 3
2002	20 726. 6	20 672. 4	17. 6	54. 2	34. 3
2003	36 821. 8	36 730. 0	26. 8	91. 8	40. 6
2004	60 061. 2	59 898. 7	38. 1	162. 5	59. 7
2005	90 446. 7	90 185. 4	50. 0	261. 3	76. 0

续表

年份	出口广化 （百万美元）	出口地理广化 （百万美元）	单位种类 地理广化 （万美元）	出口产品广化 （百万美元）	单位种类 产品广化 （万美元）
2006	141 866.3	141 192.1	69.7	674.2	143.4
2007	222 069.6	221 138.8	101.7	930.8	190.0
2008	293 086.7	291 603.9	127.5	1 482.8	286.8
2009	235 771.9	234 796.6	99.8	975.3	202.8
2010	318 777.8	317 422.3	128.2	1 355.5	262.7
2011	399 178.6	397 209.7	155.0	1 968.9	359.3
2012	421 041.0	418 552.3	158.4	2 488.7	412.0

注：单位种类的地理广化 = 出口地理广化总额/地理广化的产品种类数，单位种类的产品广化 = 出口产品广化总额/产品广化的产品种类数。

资料来源：对 http：//comtrade. un. org/中 HS - 6 分位产品进行整理计算后得到。

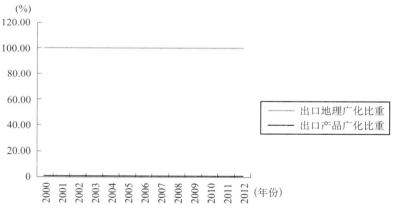

图 5 - 10　出口地理广化和出口产品广化的比重

资料来源：对 http：//comtrade. un. org/中 HS - 6 分位产品进行整理计算绘制而得。

图 5 - 11 描绘了 2001 ~ 2012 年出口地理广化和出口产品广化的增长率趋势图。出口地理广化的增长率趋势相对于出口产品广化增长率而言较平稳，总体而言，出口产品广化的年均增长率要高于出口地理广化的年均增长率，前者为 56.76% ，后者为 37% 。这个特征也可以从图 5 - 11 中直观地看到，出口产品广化增长率的趋势线除了极个别年份之外，基本都处于出口地理广化增长率趋势线之上。这说明，出口产品广化虽然绝对值小，但增长趋势较前者强劲。

　　由上述分析中百分比的比较可得，中国的出口增长结构呈现出口深化比重过高，出口广化比重不足的总体特征，在出口广化结构内部又体现了出口产品广化对出口增长的贡献又远不如出口地理广化的特点。但是，从增长趋势来看，出口广化增长率高于出口深化增长率，出口产品广化增长率又高于出口地理广化增长率。这说明，近年以来中国的出口结构在出口多元化政策的推动下有了一定改善，但从绝对比重来看仍然不尽合理，因此，施炳展（2010）指出，中国现阶段要稳定出口，一方面，要对传统的贸易伙伴和传统的出口产品不离不弃，继续发挥和巩固已有的成果；另一方面，要独辟蹊径，开拓新市场，开发新的出口产品。因此，第七章和第八章将从中国出口可持续性的角度来探讨如何促进出口地理广化和出口产品广化。值得注意的是，由于如果探讨出口持续时间对新产品进入新市场的影响，那么，代替出口经验的出口持续时间变量的测量结果只能为 0。因此，第七章的出口地理广化仅指老产品进入新市场。第八章的出口产品广化仅指，新产品进入老市场。

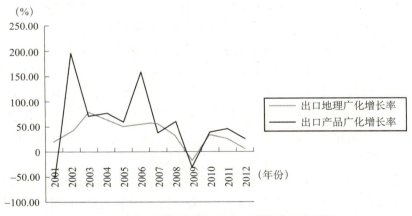

图 5 - 11　出口地理广化和出口产品广化的增长率

资料来源：对 http：//comtrade. un. org/中 HS - 6 分位产品进行整理计算绘制而得。

第六章　中国出口持续时间的影响因素

第一节　离散时间模型构建与变量选取

一、模型构建

赫斯和皮尔森（Hess，Persson，2011）讨论了离散时间模型相比考克斯 Cox 比例危险模型更适合分析离散的持续时间数据问题。它不仅不要求满足比例危险的假设，而且，能够有效处理结点问题以及右删失问题，同时，也可以通过随机效应模型对不可观测的异质性进行控制。另外，离散时间模型可用二元因变量的方法进行估计，大多数主流的计量软件都能处理。[①] 离散时间模型包括 probit 模型、logit 模型和 cloglog 模型，分别对应的函数形式是正态分布、逻辑斯蒂分布或者极值分布。本书也参考陈勇兵等（2012）的做法，对这三种模型均进行分析。

令 T_i 表示某个贸易关系的持续时间，在离散时间模型中，贸易持续时间的重点就在于 1 个特定的贸易关系在给定的时间区间 $[t_k, t_{k+1}]$ 内终止的概率，$k = 1, 2, \cdots, kmax$ 且 $t_1 = 0$，这一概率称为离散时间危险率，其基本形式，如式（6-1）所示。

$$h_{ik} = P(T_i < t_{k+1} | T_i \geq t_k, x_{ik}) = F(x'_{ik}\beta + \gamma_k) \qquad (6-1)$$

其中，i 表示一个特定贸易关系的持续时间（$i = 1, \cdots, n$），x_{ik} 为时间依存协变量，γ_k 是基准危险函数，危险率 h_{ik} 在不同的时间区间内是不

---

① 本书所有的数据处理和数据分析，均采用 Stata 12.1 统计软件。

同的，而 F（·）为分布函数，它对所有的 i 和 k 都有 $0 \leqslant h_{ik} \leqslant 1$。引入一个二分类变量 y_{ik}，如果一个时间段在第 k 年停止了，取值为 1，否则为 0。之后，本书参考赫斯和皮尔森（Hess，Persson，2011）的做法，采用离散时间模型对中国出口持续时间的影响进行研究。cloglog 模型设定如下：

$$cloglog[1 - h_j(X \,|\, v)] = \alpha + \beta C_j + \eta M_j + \gamma_j + u \qquad (6-2)$$

probit 模型和 logit 模型类似，其中，γ_j 是区间基准危险率；X 为解释变量的集合，v 代表不可观测的异质性；C_j 代表国家层面变量，β 为其系数；M_j 代表产品层面解释变量，η 为其系数；误差项 u 服从正态分布。

使用随机效应 probit 模型虽然有很多优点，但它却存在一个最大的问题，就是对于模型中估计系数的解释不够明确。每个自变量的影响不仅取决于自身系数的大小，还取决于持续时间的估计系数。另外，尽管某个系数的估计在统计上是显著的，但是，它对危险率的影响仍有可能不显著，因为它不仅依赖于自身的标准差，还取决于持续时间以及模型回归中任何其他变量的标准差大小。因此，本书参考比瑟德（Besedeš，2013）的做法，采用绘制危险率预测曲线以及置信区间线的绘图法来确定变量影响的显著性。根据所研究变量的不同取值画出不同的危险率预测曲线以及相应95%置信度的置信区间线，如果两条预测曲线的置信区间线没有重合，那么，表示该研究变量对危险率的影响是显著的，反之亦然。该方法也在赫斯和皮尔森（Hess，Persson，2011）以及比瑟德和普鲁萨（Besedeš，Prusa，2013）的研究中均使用过。当然，本书仍提供了随机效应模型的估计结果以及稳健性检验中的估计结果。

二、变量选取

离散时间 probit 模型、logit 模型以及 cloglog 模型都为二项选择模型，其被解释变量为二分类变量，如果一个贸易关系最后一年的观测值为 2012年，那么，该贸易关系的每年观测值都设定为 0，而如果该贸易关系最后一年的观测值为 2001～2011 年中的某一年，那么，该贸易关系的最后一年值设定为 1，意味着失败发生了，其余年份设定为 0。鉴于国内外关于持续时间影响因素的研究文献中对各种变量的引用频率以及第四章各种分类下生存率曲线的分布差异，本书选择了以下 11 个变量作为影响因素来构建模型，同时，分别采用了随机效应模型来控制产品-出口目的国组合的不可观测异质性。另外，还将产品以及出口目的国作为控制变量加入回归，研究其对中国出口持续时间的影响。影响变量可以分为国家层面特征变量、产品层面特征变量以及衡量出口广化程度变量。

（一）国家层面特征变量

在国家层面特征中，本书引入了出口目的国 GDP、出口目的国人均GDP、两国之间的地理距离、共同语言、营商便利指数、汇率变动率以及是否为东盟成员国 7 个变量，在国内外的相关研究文献中，基本上都被纳入了贸易持续时间的影响因素研究中，得到的结论基本相似。赫斯和皮尔森（Hess, Persson, 2011）指出，出口目的国 GDP 越大，在一定程度上说明目的国市场的潜力越大，从而产品的贸易持续时间将越长；出口目的国人均 GDP 越大，意味着购买能力越强，从而也将延长产品的持续时间。尼奇（Nitsch, 2009）通过引入进口国的人均收入进行研究后发现，其对进口持续时间的延长起到了正向的作用；而两国之间的地理距离越远代表了两国之间的运输成本将越大，从而对贸易持续时间存在负的影响；两国之间为同一种官方语言意味着进出口双方之间贸易成本将降低，从而对贸易持续时间具有正的影响作用；营商便利指数是对世界银行营商环境项目所涉及的 10 个专题中的国家百分比排名的简单平均值进行排序，从 1 ~ 189 为经济体排名，第一位为最佳，因此，可以预测营商便利指数应该对贸易持续时间存在负的影响。汇率变动率是指，出口目的国当期相对于上期对美元汇率的变动率，按照预期，汇率波动越大意味着目的国市场的金融风险越大，将会缩短产品的持续时间。比瑟德（Besedeš, 2013）研究了北美自由贸易区的建立对美国、加拿大和墨西哥产品的持续时间的影响，本书参照比瑟德（Besedeš, 2013）的做法，引入进口国是否为自贸区成员国的虚拟变量。由于本书并没有重点研究中国—东盟自贸区对持续时间的影响效应，为了简便起见，仅引入了成员国的虚拟变量，并未引入成立效应的虚拟变量。进口国如果为中国—东盟自贸区成员国，虚拟变量取值为 1，否则为 0。本书采用 CEPII 数据库和世界银行数据库中 2001～2012 年的引力变量数据，① 和之前的贸易数据库进行合并，合并过程中删掉引力变量数据缺失的国家数据，合并之后纳入影响因素的研究中。

(二) 产品层面特征变量

本书的产品层面特征变量包括初始贸易额和差异化产品虚拟变量。初始贸易额定义为贸易持续时间段第一年的贸易额，劳奇和沃森 (Rauch，Watson，2003)，比瑟德和普鲁萨 (Besedeš，Prusa，2006b) 指出，当其他影响贸易关系持续时间的影响因素一致时，初始贸易额越大，贸易关系持续时间将会越长。差异化产品分类法由劳奇 (Rauch，1999) 最早提出，赫斯和皮尔森 (Hess，Persson，2011)，伏加萨和莫丽娜 (Fugazza，Molina，2009) 根据劳奇 (Rauch，1999) 产品分类法，研究得出产品的不同分类下贸易关系的持续时间存在显著差异的结论。本书也参照前人的做法引进了 Rauch 分类法，鉴于在第四章的图 4－10 中，参考价格产品和同质产品的差异并不大的原因，因此，仅设定差异化产品虚拟变量，非差异化产品作为参照组。

(三) 出口广化程度变量

参考比瑟德 (Besedeš，2013) 的做法，使用两个变量对产品—出口目的国组合的出口广化程度进行测量，第一个变量为同一产品出口国数量，表示同一种产品在同一年度出口的国家数量，第二个变量为同一目的国出口产品种类，表示同一年度向同一出口目的国出口的产品种类。前者测量出口地理广化程度，后者测量出口产品广化程度。

为了验证出口产品危险率随着出口持续时间的变动趋势，因此，引入了产品所在持续时间段当期的持续时间变量。

影响因素中，各变量的含义、单位及预期符号说明，见表6－1。

值得说明的是，本章经验分析的数据来源以及数据处理说明与第四章第一节一致。

---

① 有些国家 2012 年的 GDP 值缺失，采用了国际货币基金组织数据库中的数据进行弥补。

表6-1 影响因素中各变量的含义、单位及预期符号说明

变量表示	变量含义及单位	预期符号
GDP	出口目的国的 GDP	−
人均 GDP	出口目的国的人均 GDP	−
地理距离	出口国与进口国之间的地理距离	+
共同语言	出口国与进口国是否使用同一种官方语言	−
营商便利指数排名	出口目的国的营商环境排名	+
汇率变动率	出口目的国当期相对于上期对美元汇率的变动率	+
东盟成员国	出口目的国是否为中国—东盟自贸区的成员国	−
初始贸易额	贸易持续时间段第一年的贸易额	−
差异化产品	是否为差异化产品	−
出口国数量	同一产品、同一年度出口的目的国的数量	−
出口产品种类	同一年度出口到同一目的国的产品种类	−
持续时间	产品所在持续时间段当期的持续时间	−

注：预期符号是在回归模型中对出口贸易关系的危险率影响系数符号。

第二节 国家层面特征和产品层面特征的影响结果分析

一、国家层面特征变量的估计结果

本书基于式（6-2）对以上三类变量对于中国出口贸易关系危险率的影响进行了 probit 估计、logit 估计以及 cloglog 估计，得到结果如表6-2所示。前三列和后三列分别为未控制不可观测异质性模型和控制不可观测异质性模型的结果。

表6-2 中国出口持续时间的影响因素分析结果

变量	未控制不可观测异质性模型			控制不可观测异质性模型		
	probit	logit	cloglog	probit	logit	cloglog
GDP	−0.133*** (−135.6)	−0.235*** (−137.2)	−0.180*** (−136.7)	−0.143*** (−122.3)	−0.248*** (−123.3)	−0.188*** (−124.4)
人均 GDP	0.072*** (54.9)	0.123*** (54.9)	0.091*** (51.5)	0.076*** (53.5)	0.129*** (53.6)	0.095*** (50.8)
地理距离	0.058*** (21.3)	0.107*** (22.7)	0.096*** (26.1)	0.063*** (21.3)	0.113*** (22.5)	0.099*** (25.6)

续表

变量	未控制不可观测异质性模型			控制不可观测异质性模型		
	probit	logit	cloglog	probit	logit	cloglog
共同语言	−0.009 (−0.73)	−0.027 (−1.3)	−0.023 (−1.4)	−0.020 (−1.6)	−0.042* (−1.9)	−0.033* (−1.9)
营商便利指数 排名	0.073*** (36.4)	0.126*** (36.1)	0.096*** (34.7)	0.077*** (35.9)	0.132*** (35.6)	0.100*** (34.3)
初始贸易额	−0.061*** (−112.9)	−0.109*** (−116.0)	−0.088*** (−121.2)	−0.066*** (−105.4)	−0.115*** (−107.7)	−0.091*** (−113.9)
出口产品种类	0.085*** (28.7)	0.167*** (33.1)	0.136*** (35.5)	0.078*** (24.8)	0.158*** (29.7)	0.131*** (33.0)
出口国数量	−0.387*** (−163.7)	−0.658*** (−160.2)	−0.476*** (−158.2)	−0.418*** (−139.8)	−0.699*** (−134.9)	−0.502*** (−134.9)
汇率变动率	0.004*** (5.3)	0.008*** (6.1)	0.007*** (6.3)	0.004*** (5.3)	0.008*** (6.0)	0.007*** (6.2)
东盟成员国	−0.145*** (−23.3)	−0.251*** (−23.2)	−0.190*** (−22.1)	−0.156*** (−23.3)	−0.266*** (−23.1)	−0.200*** (−22.1)
差异化产品	−0.133*** (−45.2)	−0.229*** (−45.4)	−0.173*** (−43.6)	−0.143*** (−44.7)	−0.242*** (−44.5)	−0.181*** (−43.6)
持续时间	−0.666*** (−335.7)	−1.190*** (−328.6)	−1.041*** (−332.5)	−0.616*** (−184.4)	−1.125*** (−190.8)	−0.994*** (−205.7)
进口国	是	是	是	是	是	是
产品	是	是	是	是	是	是
ρ 系数				0.05	0.03	0.03
对数似然值	−686 051	−686 048	−687 522	−685 865	−685 944	−687 435
观测值	1 553 047	1 553 047	1 553 047	1 553 047	1 553 047	1 553 047
持续时间段数	536 366	536 366	536 366	536 366	536 366	536 366

注：***、**、*分别表示参数的估计值在1%、5%、10%的统计水平上显著，括号内数值为z值；"是"表示对此类变量进行了控制；ρ表示产品不可观测异质性的方差占总误差方差的比例；所有变量中，除了虚拟变量之外，都以对数形式进行回归。

当模型中控制了不可观测异质性之后，ρ系数并没有超过0.1，同时，三大模型的对数似然值也没有明显增大，但是，为了采用画图法对估计系数进行解释，本书仍然提供了控制不可观测异质性的估计结果。

出口目的国GDP的影响系数符号为负，说明出口目的国的经济规模对中国出口持续时间的影响为正。出口目的国的人均GDP的影响系数符号为正，这与预期并不一致，说明出口目的国的人均GDP越高，中国出口到该国的产品危险率将越高，持续时间越短，这可能与中国出口产品的价格不高以及目标客户群为中低收入人群相关。地理距离的系数符号为正，说明了其将缩短中国出口持续时间，这和以往文献的研究结果一致。共同语言虚拟变量符号为负，但在未控制不可观测异质性模型中，参数在10%的估计水平上仍不显著，在控制了不可观测异质性模型中，显著性水平虽有提高，但也仅在10%的估计水平上显著，而且系数值也非常小，这可能与当今国际贸易中英语普及程度越来越高有关。因此，是否和出口国使用同一种官方语言对产品出口持续时间的影响就减少了。营商便利指数的系数符号为正，且显著程度高，这与预期一致，说明了出口目的国的营商环境越不利于营商，排名越靠后，中国出口的产品危险率越高，持续时间将越长。汇率变动率的系数符号为正且显著，这也与预期一致，汇率波动大通常将增加出口产品的危险，不利于贸易的持续进行。东盟成员国虚拟变量的系数为负并显著，说明出口目的国是东盟成员国将有利于降低出口产品的危险率，从而延长其出口持续时间。这主要是因为成员国相比非成员国而言，地理位置更邻近，文化更相似等原因减少了企业的出口成本，最终延长产品的出口持续时间。这也进一步验证了林常青和张相文（2014）关于中国—东盟自贸区的成员国效应得到的结论。以上分析结果可以通过绘图法的影响结果，见表6-3更清晰准确地看到。

表6-3	根据绘图法得到的影响结果	单位:%
	名义的危险率 降低百分比	实际的危险率 降低百分比
GDP增长为之前的100倍	5.4	21.7
人均GDP减少为之前的1/100	3.0	12.0
地理距离减少为之前的1/100	2.5	10.0
共同语言	0.4	1.7
营商便利指数排名上升为之前的1/10	1.6	6.3
东盟成员国	3.1	12.3
汇率变动率减少为之前的1/10	0.1	0.4
初始贸易额增长为之前的100倍	2.6	10.5
差异化产品	3.0	11.2
出口国数量增长为之前的10倍	7.5	30.2
出口产品种类减少为之前的1/10	1.6	6.4

注：表中值为平均危险率降低比例。当研究变量变动时，其他变量均取样本均值。

资料来源：根据表6-2实证分析结果计算后得到。

从经济意义上来说，当其他变量不变，出口目的国 GDP 增长为之前的 100 倍时，产品在持续期内名义的平均危险率降低为 5.4%，实际降低比例达到 21.7%。因为出口目的国人均 GDP 对产品危险率的影响为正，因此，为了测量其对产品危险率降低的影响，这里将人均 GDP 减少为之前的 1/100，名义和实际的平均危险率降低百分比均低于 GDP 增长 100 倍的降低比例。当地理距离减少为之前的 1/100，实际的平均危险率降低比例为 10%。当营商便利指数排名上升为之前的 1/10 时，实际的平均危险率降低为 6.3%。东盟成员国虚拟变量的变动最终使产品出口的实际平均危险率降低 12.3%。汇率变动率减少为之前的 1/10 时，其实际平均危险率的降低仅为 0.4%。共同语言虚拟变量对产品出口的平均危险率的影响也较小，实际的危险率降低仅为 1.7%，汇率变动率与共同语言变量相比出口目的国 GDP、出口目的国人均 GDP、两国之间的地理距离以及营商便利指数四个国家层面的变量而言，对产品出口危险率带来的影响甚微。

二、产品层面特征变量的估计结果

初始贸易额的系数符号为负，进一步验证了以往文献得到的结果。根据比瑟德和普鲁萨（Besedeš，Prusa，2006b）的解释，初始贸易额越大，进出口双方对彼此的信心越大，该贸易关系的持续时间也将更长。

差异化产品虚拟变量的系数符号为负，与预期和以往的研究成果一致，根据邵军（2011）的解释，差异化产品的替代性较低，进口商选择替代的成本更高，因此，差异化产品相比同质产品以及参考价格产品而言，持续时间将更长。

初始贸易额变量对产品出口危险率的影响，如表 6-3 所示，当初始贸易额增长为之前的 100 倍时，名义的平均危险率降低虽仅为 2.6%，但实际的平均危险率降低达到 10.5%。差异化产品相比非差异化产品而言，实际的出口平均危险率也降低了 11.2%，产品层面特征变量对产品出口危险率的影响较大。

第三节　出口广化程度变量的影响结果分析

一、出口地理广化程度与出口产品广化程度的估计结果

出口广化程度的两个测量变量的系数符号并不一致，代表出口地理广化程度的变量符号为负，对贸易持续时间起着正面影响，但代表出口产品广化程度的变量符号为正，意味着对中国出口持续时间的影响为负。前者的符号与本书的预期及以往文献的研究结果一致，表明同一产品出口经验越丰富，产品出口贸易持续时间就更长；同一国家的出口产品种类的系数符号为正，意味着同一国家的出口经验起到了反向的作用，向同一目的国出口产品的种类越多，产品的出口危险越高，持续时间将越短，这与比瑟德（Besedeš，2013）得到的结论并不一致，这可能与向同一国家出口的产品竞争性较大有关，竞争性较大意味着可替代性大，从而产品种类越多，导致各类产品的持续时间就会出现一定程度的缩短。

图6-1和图6-2依次为根据绘图法得到的出口国家数量对出口危险率的影响图和出口产品种类对出口危险率的影响图。先来看图6-1，出口国数量增加为之前的10倍后，其出口危险率预测曲线位于出口国数量未变动时的危险率预测曲线下方，而且，两条预测曲线的置信区间线完全分开，这说明出口国数量变为之前的10倍后较大幅度地降低了中国产品出口危险率。另外，持续时间越长时，出口国数量增加带来的出口危险率下降幅度在减少，表现在图6-1中为两条曲线之间的差距随着持续时间的增加而缩小。

图6-2中下方的曲线为出口产品种类减少为之前的1/10时的出口危险率预测曲线，上方的曲线为出口产品种类未变动时的出口危险率预测曲线，两者的置信区间线也完全分开，但是，两条预测曲线之间的差距相比图6-1而言较小。这意味着，出口产品种类减少为之前的1/10相比出口国数量增加为之前的10倍时，对出口危险率带来的影响小。另外，持续时间越长时，出口产品种类减少带来的出口危险率下降幅度在减少，这一点与图6-1的特征类似。

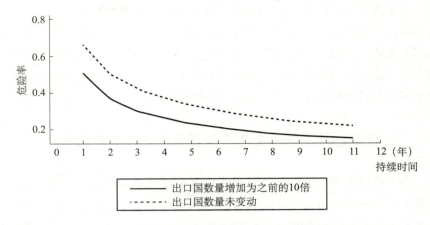

图6-1 出口国家数量对出口危险率的影响

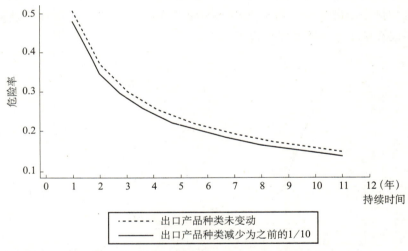

图6-2 出口产品种类对出口危险率的影响

以上两个变量的变动在经济意义上带来的影响，如表6-3所示，出口国数量增加为之前的10倍时，名义的平均出口危险率降低了7.5%，实际的平均出口危险率下降30.2%，这在表6-3中所有变动带来的平均危险率降低幅度中是最大的。出口产品种类减少为之前的1/10时，名义的平均出口危险率降低了1.6%，实际的平均出口危险率下降6.4%，进一步证明了相比出口国数量的变动而言，出口产品种类的变动对出口危险率的影响较小。

为了进一步确定出口广化程度变量对中国出口危险率的影响，还可以比较出口广化程度变量与其他变量之间的影响大小。在对出口危险率的影响因素研究中，国家层面特征变量中进口国 GDP 变量与产品层面特征变量中差异化产品虚拟变量非常普遍地被引入，因此，本书将比对出口广化程度变量与这两种变量对出口危险率的影响程度。

二、出口地理广化程度变量与其他变量的影响比较

为了更清晰地比较各变量对出口危险率带来的影响差异，本书参照比瑟德和普鲁萨（Besedeš，Prusa，2013）的做法，当绘制危险率预测曲线时对各变量变动的时间进行了假定，假定所有变量变动的时间为持续时间第 3 年 ~ 第 8 年，前 2 年和后 4 年各变量不变。因此，图 6 - 3 ~ 图 6 - 7 中各变量变动带来的出口危险率预测曲线在前 2 年和后 4 年阶段是重合的，仅在第 3 年 ~ 第 8 年出现了差距。

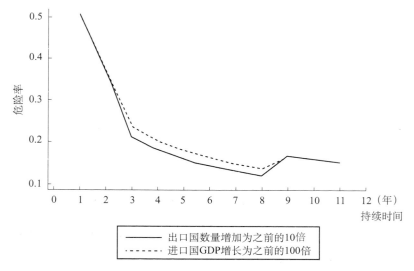

图 6 - 3　出口国家数量与进口国 GDP 变量对出口危险率的影响比较

图 6 - 3 为出口国家数量与进口国 GDP 变量对出口危险率的影响比较图，在第 3 ~ 8 年下方的曲线为出口国家数量增长为之前的 10 倍时的出口危险率预测曲线，位于上方的曲线为进口国 GDP 变量增长为之前的 100

倍时的出口危险率预测曲线。这说明，前者的变动对出口危险率降低的幅度超过后者变动带来的影响。

图6-4中位于下方的曲线为非差异化产品且出口国数量增长为之前的10倍时的出口危险率预测曲线，上方的曲线为差异化产品且出口国数量未变动时的出口危险率预测曲线，两条预测曲线相比图6-3而言差距更大，也说明了出口国家数量增长为之前的10倍时，比单纯差异化程度变动时带来的出口危险率降低更多。

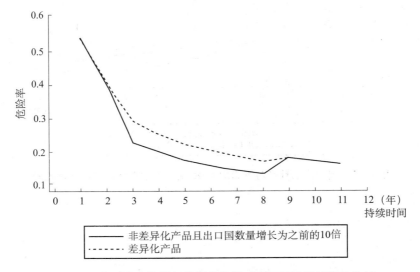

图6-4 出口国家数量与差异化变量对出口危险率的影响比较

三、出口产品广化程度变量与其他变量的影响比较

出口产品种类与进口国GDP的变动对出口危险率带来的影响比较，如图6-5所示。当出口产品种类减少为之前的1/10时，其出口危险率预测曲线位于上方，而当进口国GDP增加为之前的100倍时，出口危险率预测曲线位于下方，这说明前者的变动带来的影响相比后者而言要小。

出口产品种类与差异化变量对出口危险率的影响比较，如图6-6所示。非差异化产品且出口产品种类减少为之前的1/10时的出口危险率预测曲线位于上方，差异化产品且出口产品种类未发生变动时的预测曲线在下方，出口产品种类的变动带来的影响仍然小于差异化变量带来的影响。

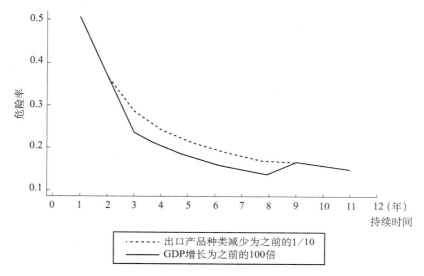

图6－5　出口产品种类与进口国 GDP 变量对出口危险率的影响比较

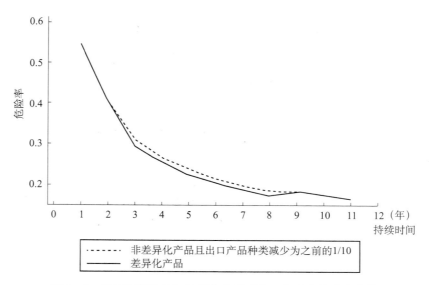

图6－6　出口产品种类与差异化变量对出口危险率的影响比较

图6-7对出口国数量与出口产品种类的变动对出口危险率的影响进行了比较，在第3~8年，两者的变动都在一定程度上降低了产品的出口危险率。但是，相比较而言，出口国数量增加为之前的10倍比出口产品种类减少为之前的1/10带来的影响更大，表现在图6-7中为出口国数量变动时的出口危险率预测曲线在下方，而且，与出口产品种类带来的影响拉开了较大差距。

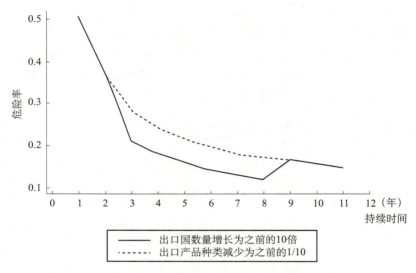

图6-7　出口国数量与出口产品种类对出口危险率的影响比较

第四节　稳健性检验

一、调整一年间隔持续时间段的随机效应模型检验

鉴于比瑟德和普鲁萨（Besedeš，Prusa，2006b）指出具有多个贸易片段的贸易关系可能存在数据统计偏误的问题，如果这个间隔时间非常短，在本书的年度数据中最短为一年，那么，有可能这个间隔是统计错误。因此，为了进行稳健性检验，本书将所有左删失之后的样本数据中年度观测值之间仅有一年间隔的数据调整为连续观测值数据，即将每个贸易关系中

只有一年间隔的片段合并成为一个片段，并对其分别进行了 probit 模型，logit 模型，cloglog 模型估计，在稳健性检验中也控制了不可观测异质性，同时，也对出口产品以及出口目的国变量进行了控制。

分析结果如表 6-4 所示，从各变量的系数符号来看，只有共同语言虚拟变量的系数符号不同，在采用全部样本左删失之后对数据进行分析时，共同语言虚拟变量的系数符号为负，但系数的绝对值较小，同时显著性并不强。在调整一年间隔持续时间段的稳健性分析结果中，共同语言的系数符号为正，系数值同样较小，在控制不可观测异质性模型中 10% 的估计水平上仍不显著。其他变量的系数符号完全一致，显著性程度强。因此，从总体来讲，无论从各变量的系数符号，还是显著性程度来看，中国出口贸易关系危险率估计的检验结果都是稳健的。

表 6-4　　　　调整一年间隔的持续时间段的稳健性分析结果

变量	未控制不可观测异质性模型			控制不可观测异质性模型		
	probit	logit	cloglog	probit	logit	cloglog
GDP	-0.150 *** (-138.5)	-0.274 *** (-139.8)	-0.223 *** (-139.8)	-0.186 *** (-121.6)	-0.328 *** (-121.1)	-0.258 *** (-122.1)
人均 GDP	0.095 *** (64.8)	0.169 *** (64.6)	0.135 *** (62.0)	0.115 *** (60.9)	0.199 *** (60.7)	0.154 *** (59.4)
地理距离	0.066 *** (20.9)	0.129 *** (23.1)	0.121 *** (26.1)	0.082 *** (20.4)	0.152 *** (21.8)	0.132 *** (23.9)
共同语言	0.039 ** (2.7)	0.053 ** (2.0)	0.046 ** (2.1)	0.005 (0.3)	0.002 (0.1)	0.009 (0.3)
营商便利指数排名	0.081 *** (35.7)	0.144 *** (35.2)	0.118 *** (34.1)	0.101 *** (34.7)	0.175 *** (34.2)	0.137 *** (33.4)
初始贸易额	-0.048 *** (-78.7)	-0.089 *** (-81.9)	-0.076 *** (-85.2)	-0.061 *** (-76.7)	-0.109 *** (-78.0)	-0.088 *** (-80.8)
出口产品种类	0.172 *** (52.6)	0.324 *** (56.3)	0.267 *** (56.3)	0.153 *** (38.7)	0.295 *** (43.1)	0.249 *** (46.2)
出口国数量	-0.369 *** (-144.7)	-0.645 *** (-142.2)	-0.508 *** (-142.2)	-0.468 *** (-126.8)	-0.802 *** (-121.6)	-0.606 *** (-121.2)
汇率变动率	0.006 *** (7.1)	0.012 *** (7.7)	0.010 *** (7.6)	0.008 *** (7.1)	0.014 *** (7.4)	0.011 *** (7.5)

续表

变量	未控制不可观测异质性模型			控制不可观测异质性模型		
	probit	logit	cloglog	probit	logit	cloglog
东盟成员国	−0.150 ***	−0.265 ***	−0.214 ***	−0.192 ***	−0.331 ***	−0.256 ***
	(−20.5)	(−20.0)	(−19.1)	(−20.5)	(−20.1)	(−19.5)
差异化产品	−0.185 ***	−0.327 ***	−0.262 ***	−0.236	−0.403 ***	−0.309 ***
	(−56.9)	(−56.5)	(−54.4)	(−55.2)	(−54.5)	(−53.1)
持续时间	−0.553 ***	−1.026 ***	−0.926 ***	−0.397 ***	−0.774 ***	−0.741 ***
	(−266.4)	(−264.9)	(−268.4)	(−98.6)	(−103.5)	(−114.6)
进口国	是	是	是	是	是	是
产品	是	是	是	是	是	是
ρ 系数				0.20	0.17	0.17
对数似然值	−521 289	−520 787	−521 303	−519 729	−519 718	−520 579
观测值	1 381 092	1 381 092	1 381 092	1 381 092	1 381 092	1 381 092
持续时间段数量	397 687	397 687	397 687	397 687	397 687	397 687

注:*** 、** 、* 分别表示参数的估计值在 1%、5%、10% 的统计水平上显著,括号内数值为 z 值;"是"表示对此类变量进行了控制;ρ 表示产品不可观测异质性的方差占总误差方差的比例;所有变量中,除了虚拟变量之外,都以对数形式进行回归。

二、调整一年间隔持续时间段的绘图法检验

在基于不同样本进行稳健性检验之后,本章最后还将基于不同方法进行检验。即对调整一年间隔后的数据进行随机效应模型估计后,再将调整一年间隔的数据和未调整间隔的原始数据进行绘图法检验。鉴于本章的重点在于出口国数量与出口产品种类对中国出口持续时间的影响,这部分的绘图法仅对这两者对出口危险率的影响进行稳健性检验。[①]

出口国数量对出口危险率的影响结果,如图 6-8 所示。两种情形下的总体特征几乎完全一致,在第三年出口国数量增加为之前的十倍时,相

① 需要说明的是,为了更清晰地比较这两种变量对出口危险率带来的影响差异,这里也对两种变量变动的时间进行了假定,假定变量变动的时间为持续时间第 3~8 年,前 2 年和后 4 年各变量不变。

比出口国数量未变动时，出口危险率出现显著降低，第 4~8 年，出口危险率仍在持续下降。同时，可以得出，调整一年间隔后的数据整体上的出口危险率显著低于未调整间隔的数据。这个原因容易理解，将原记录为停止出口的年份调整为连续出口的年份，因此，出口危险率一定降低。从总体特征的表现来看，出口国数量的变动对中国出口危险率的影响估计结果通过了稳健性检验。

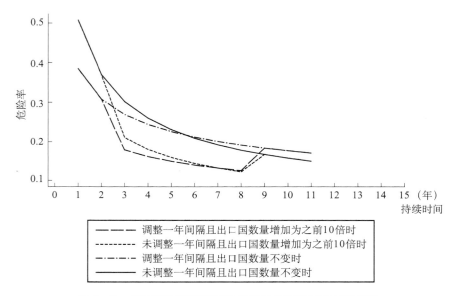

图 6 - 8　出口国数量变动对出口危险率影响的稳健性检验

出口产品种类对出口危险率的影响结果，如图 6 - 9 所示。两种情形下的总体特征几乎完全一致，由于出口危险率呈现负的时间依存性，所以无论哪条出口危险率曲线均呈现自左向右下降的趋势。在第 3 年开始出口产品种类减少为之前的 1/10 时，相比出口产品种类未变动时，调整一年间隔的数据和未调整间隔的数据的出口危险率均显著降低，第 4~8 年，出口危险率仍在持续下降。在图形上表现为第 3~8 年，调整一年间隔且出口产品种类减少为之前 1/10 时的出口危险率曲线与未调整一年间隔且出口产品种类减少为之前 1/10 时的出口危险率曲线均位于两种情形下出口产品种类未发生变动时危险率曲线的下方。另外，与图 6 - 8 相似的是，整体上来说，调整一年间隔后数据的出口危险率曲线位于未调整间隔的出口危险率曲线之下，原因与图6-8的解释一致。从总体特征的表现来看，出口产品种类的变动对中国出口危险率的影响估计结果也通过了稳健性检验。

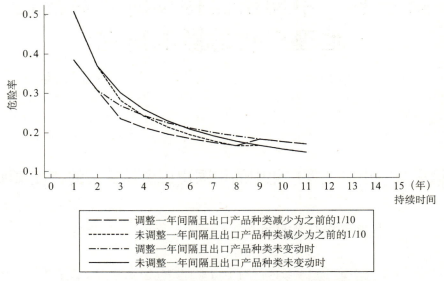

图6-9 出口产品种类变动对出口危险率影响的稳健性检验

第七章 中国出口持续时间对出口地理广化的影响研究

第一节 出口地理广化中的中国出口贸易关系的特征事实

一、数据来源及处理说明[①]

鉴于研究中国出口持续时间对出口地理广化影响的需要，首先，应该对中国出口潜在贸易关系进行分解，因此，本书第七章采用 1996~2014 年 UN-COMTRADE 网站的中国对所有国家出口的 HS96 层面的贸易数据。由于考察的是老产品进入新市场的情况，将 1996~1999 年 4 年中曾经出口过的产品限制为基础产品，也就是老产品。这部分的数据具体包括 226 个国家，5084 种 HS-6 分位数产品层面的出口数据，[②] 由于从 UN-COMTRADE 数据库中得到的数据只存在发生过贸易的观测数据，而为了对出口潜在贸易关系进行分解，则必须将零值贸易，即没有发生贸易的年份观测值添加进来。在对中国出口潜在贸易关系进行分解后，为了探究贸

[①] 本章和第八章的新老产品和新老市场的分类与第五章第五节的分类不同，第五章第五节的分类将新老产品和新老市场完全以 1996~1999 年为准，在 2000~2012 年不再变化。例如，对于某产品来说，美国在 1996~1999 年被定义为新市场，同时，在 2000~2012 年该产品每年都出口到美国，那么，对于该产品来说，美国在 2000~2012 年都为新市场。本章的出口经验为上一年该产品出口过的所有目的国市场的平均出口持续时间。首先，自身对美国市场的持续时间在地理距离加权和人均 GDP 加权中都无法计算；其次，老产品的界定太窄，样本量太小，另外，按此分类进行研究也不足以捕捉其新市场开拓和新产品扩张的动态。

[②] 1996~1999 年，出口过的产品种类数为 5084 种，出口目的国为 226 个。

易关系与出口目的国之间的关系，本书将出口目的国按世界银行区域分类标准、世界银行收入分类标准、是否为东盟成员国标准以及是否为 WTO 成员的标准进行了分类。前两项数据来源于世界银行官方网站，东盟成员国分类标准以及 WTO 成员的分类标准则分别参考中国—东盟自由贸易区官方网站和 WTO 官方网站中的分类数据。

二、中国出口潜在贸易关系的分解

一个贸易关系对应一个产品-国家对，一个产品—国家对从起始年开始到 $t-1$ 年为止都没有发生过贸易关系。这对 t 年来说，就是一个潜在贸易关系，如果 t 年实现了贸易，那么，这个贸易关系定义为 t 年实现的潜在贸易关系，如果 t 年也未实现，那么，称为 t 年未实现的潜在贸易关系。由于将 1996～1999 年曾经出口过的 5 084 种产品限制为老产品，因此，以下对 2000～2014 年 5 084 种产品的潜在贸易关系进行分解。分解结果如表 7-1 所示。2000～2014 年总的潜在贸易关系数为 10 935 376 个，实现的潜在贸易关系数仅为 359 450 个，未实现的潜在贸易关系数为 10 575 926 个，平均实现的潜在贸易关系比例不足 3.3%。2010 年之后，比重存在下降的趋势，2014 年实现的潜在贸易关系仅占总体的 2.14%。另外，未实现的贸易关系数比重大，也说明了出口地理广化的空间较大。

表 7-1　　　中国 2000～2014 年实现与未实现的贸易关系比较

年份	实现的潜在贸易关系数	占比（%）	未实现的贸易关系数	占比（%）	总的潜在贸易关系数
2000	37 497	4.05	889 232	95.95	926 729
2001	30 619	3.44	858 613	96.56	889 232
2002	28 544	3.32	830 069	96.68	858 613
2003	28 694	3.46	801 375	96.54	830 069
2004	28 178	3.52	773 197	96.48	801 375
2005	29 040	3.76	744 157	96.24	773 197
2006	30 135	4.05	714 022	95.95	744 157
2007	27 801	3.89	686 221	96.11	714 022
2008	23 326	3.40	662 895	96.60	686 221
2009	20 255	3.06	642 640	96.94	662 895

年份	实现的潜在 贸易关系数	占比 （%）	未实现的 贸易关系数	占比 （%）	总的潜在 贸易关系数
2010	17 278	2.69	625 362	97.31	642 640
2011	16 362	2.62	609 000	97.38	625 362
2012	16 817	2.76	592 183	97.24	609 000
2013	12 502	2.11	579 681	97.89	592 183
2014	12 402	2.14	567 279	97.86	579 681
总数	359 450	3.29	10 575 926	96.71	10 935 376

资料来源：对 http：//comtrade. un. org/中 HS - 6 分位产品进行整理计算后得到。

三、目的国分类下的贸易关系分解

为了探讨潜在贸易关系与出口目的市场的区域分布、收入状况以及是否为东盟成员国和 WTO 成员之间存在的关系，本书对目的市场进行了以下四种分类，依次为目的市场按世界银行区域分类标准分类、目的市场按世界银行收入分类标准分类、目的市场是否为东盟成员国以及目的地是否为 WTO 成员的分类标准。

（一）目的国按世界银行区域分类标准分类

世界银行对发展中国家按照区域分成了六类，包括东亚与太平洋地区（EAP）、欧洲和中亚（ECA）、拉丁美洲与加勒比海地区（LAC）、中东与北非地区（MENA）、南亚地区（SA）以及撒哈拉以南非洲地区（SSA）。由于其分类并未包括发达国家，涵盖面较小，因此，本书在此分类基础上修改并增加了另外三种分类，包括南非（SSA1）、北美（NA）和欧盟（EU）。在此分类下，潜在贸易关系数的对比结果，如表 7 - 2 所示。第一，实现的贸易关系数占总体比重普遍较小。第二，各区域实现的贸易关系数占总体比重的百分比差异较大。实现的贸易关系数比重最小的区域为东亚与太平洋地区，比重仅为 3.08%。最大比重的区域排在前三的依次为南非、北美地区以及中东与北非地区。尤其是南非实现的贸易关系数占到总体潜在贸易关系数的 16.59%，北美地区的比重也接近 10%。总体上说，比重较大的区域基本上都是发达国家，其收入较高，比重较小的区域则为发展中国家，收入水平较低。

表7-2 目的市场按世界银行区域分类标准分类——贸易关系数对比

分类	实现的贸易关系数	占总实现贸易关系数的百分比（%）	未实现的贸易关系数	占总未实现贸易关系数的百分比（%）	实现的贸易关系数占总潜在贸易关系数的百分比（%）
SSA（44）	77 758	21.63	2 352 864	22.25	3.20
SSA1（1）	4 229	1.18	21 266	0.20	16.59
MENA（12）	25 946	7.22	420 381	3.97	5.81
SA（8）	12 972	3.61	314 116	2.97	3.97
LAC（26）	47 442	13.20	1 178 349	11.14	4.13
ECA（19）	35 804	9.96	812 551	7.68	3.87
EAP（22）	28 628	7.96	899 605	8.51	3.08
NA（2）	2 052	0.57	20 566	0.19	9.07
EU（27）	51 642	14.37	876 375	8.29	5.56
总数	286 475	100.00	6 896 073	100.00	3.99

注：表中分类的括号中的数字为分类下国家的数量。

资料来源：对 http：//comtrade. un. org/中 HS-6 分位产品进行整理计算后得到。

（二）目的国按世界银行收入分类标准分类

目的国按世界银行收入分类标准分为以下 5 类，依次为低收入国家、中高收入国家、中低收入国家、高收入—OECD 国家以及高收入-非 OECD 国家。比较结果如表7-3 所示。首先，在实现的贸易关系数占总实现贸易关系的百分比中，中高收入国家和高收入-OECD 国家几乎占到了 45%，[①] 这两类国家实现的贸易关系数占总潜在贸易关系数的百分比也最高，高收入-OECD 国家的比重达到 5.72%，在所有分类标准中最高。低收入国家和中低收入国家该比重都未超过 4%。进一步证明了表7-2 中关于收入越高实现贸易关系越容易的结论。其次，在高收入国家中按照是否为 OECD 国家划分了两类，在这两类国家实现的贸易关系数占总潜在贸易

---

① 总未实现贸易关系数与实现贸易关系数分别为所有国家未实现的贸易关系数与所有国家实现了的贸易关系数。

关系数的百分比中差异非常大。前者比重为 5.72%，后者比重仅为 2.87%。在一定程度上说明了加入经济合作与发展组织对老产品进入新市场带来了便利。

表 7 - 3   目的市场按世界银行收入分类标准分类——贸易关系数对比

分类	实现的贸易关系数	占总实现贸易关系数的百分比（%）	未实现的贸易关系数	占总未实现贸易关系的百分比（%）	实现的贸易关系数占总潜在贸易关系数的百分比（%）
低收入国家	60 050	17.32	1 654 131	18.93	3.50
中高收入国家	102 261	29.49	2 368 667	27.10	4.30
中低收入国家	85 419	24.63	2 253 883	25.79	3.65
高收入 - OECD 国家	51 080	14.73	841 388	9.63	5.72
高收入 - 非 OECD 国家	47 934	13.82	1 621 219	18.55	2.87
总数	346 744	100.00	8 739 288	100.00	3.82

注：该分类可参考 http://data.worldbank.org.cn/income-level/NOC。

资料来源：对 http://comtrade.un.org/中 HS - 6 分位产品进行整理计算后得到。

（三）目的国按是否为东盟成员国分类

中国—东盟自由贸易区已于 2010 年 1 月 1 日正式全面启动，自贸区建成后，中国和东盟的贸易占到世界贸易的 13%，是发展中国家间的最大自由贸易区，也是目前世界上人口最多的自由贸易区。2015 年，中国与东盟贸易额创历史新高，双方贸易总额达到 4 721.6 亿美元，比 1991 年的 79.6 亿美元增加近 60 倍，年均增长 18.5%。其中，中国对东盟出口 2 773.63 亿美元，同比增长 20.49%，占到总体出口比重的 12.2%，东盟继续成为中国的第三大贸易伙伴，并且，在 2015 年中国与前三大贸易伙伴的贸易中，与东盟贸易的增速最快。因此，为了探究目的国是否为东盟成员国与实现潜在贸易关系之间可能存在的关系，本书也对其分类下贸易关系数的对比情况进行了统计，结果如表 7 - 4 所示。当目的国为东盟成员国时，实现的贸易关系数占总潜在贸易关系数的百分比已达到 6.17%，而目的国为非东盟成员国时该比重仅为 3.22%，差距较大，这意味着，中国与加入中国—东盟自贸区的出口目的国之间更容易实现潜在贸易关系。

表7-4 目的国按是否为东盟成员国分类标准分类——贸易关系数对比

分类	实现的贸易关系数	占总实现贸易关系数的百分比（%）	未实现的贸易关系数	占总未实现贸易关系的百分比（%）	实现的贸易关系数占总潜在贸易关系数的百分比（%）
东盟成员国	14 750	4.10	224 294	2.12	6.17
非东盟成员国	344 700	95.90	10 351 632	97.88	3.22
总数	359 450	100.00	10 575 926	100.00	3.29

资料来源：对 http：//comtrade. un. org/中 HS-6 分位产品进行整理计算后得到。

（四）目的市场按是否为 WTO 成员分类

WTO（世界贸易组织）作为贸易类最大的一个国际组织，为了检验目的国是否为 WTO 成员对潜在贸易关系实现的影响，表7-5 对目的国地区是否为 WTO 成员进行了分类，[①] 以对实现的贸易关系数及比例进行比较。通过表7-5 可以清晰地看到，目的国为 WTO 成员时实现的贸易关系数占总潜在贸易关系数的百分比接近5%，但目的国为非 WTO 成员时该比重不到2%，差距较大。这说明，中国与加入 WTO 的出口目的国发展贸易，更有利于潜在贸易关系数的实现。

表7-5 目的市场按是否为 WTO 成员分类——贸易关系数对比

分类	实现的贸易关系数	占总实现贸易关系数的百分比（%）	未实现的贸易关系数	占总未实现贸易关系的百分比（%）	实现的贸易关系数占总潜在贸易关系数的百分比（%）
WTO 成员	282 749	78.66	6 296 468	59.54	4.30
非 WTO 成员	76 701	21.34	4 279 458	40.46	1.76
总数	359 450	100.00	10 575 926	100.00	3.29

资料来源：对 http：//comtrade. un. org/中 HS-6 分位产品进行整理计算后得到。

四、中国平均出口持续时间的计算

为了研究已出口过其他目的国市场的产品出口经验对这些老产品进入

[①] WTO 成员的详细名单可参考 http：//www. wto. org/english/thewto_ e/whatis_ e/tif_ e/org6_ e. htm。

新市场的影响，必须找到准确测量已经出口过的老产品的出口产品经验变量。鉴于出口持续时间的概念是指，产品从某国市场到退出该市场中间无间隔所经历的时间。本书中采用出口持续时间来测量出口经验，但是，每种产品的出口经验并不限于某一个国家的出口经验，因此，计算该老产品在每年对其他所有出口过的国家的平均出口持续时间非常重要。平均出口持续时间的计算有很多种计算方式，以下将对平均出口持续时间的计算方式依次讨论。

（一）平均出口持续时间的计算方式

令 $k = 1$，$\cdots$，K 表示产品，$i = 1$，$\cdots$，I 表示所有可能的出口目的国市场，$t = 1$，$\cdots$，T 表示出口年份，那么，x_{ikt} 就表示中国在 t 年向 i 国出口 t 产品的出口额，D_{ikt} 则表示中国在 t 年向 i 国出口 k 产品的持续时间。$x_{ikt} = 0$ 就表示中国在 t 年并未向 i 国出口过 t 产品，同时，$D_{ikt} = 0$。另外，令 $m = 1$，$\cdots$，M 表示过去已经从中国进口过 k 产品的出口目的国市场，那么，$x_{mk} > 0$ 表示从起始年开始至当年为止，至少出口过 1 年的贸易额。$n = 1$，$\cdots$，N 表示潜在的新市场，那么，从起始年开始至 $t - 1$ 年为止，$x_{nk} = 0$。

平均出口持续时间的计算方式以加权方式的不同而不同，最简单的一种方式当然是简单平均，就是将 k 产品在 t 年所有出口过的国家 i 当年的持续时间进行简单平均，即 $\frac{1}{I} \sum_{i=1}^{I} D_{ikt}$。但是，这种简单平均的计算方式一视同仁地把 k 产品当年所有出口过的国家经验对新市场进入的影响等同为一致的，并没有考虑不同出口目的国市场之间的出口经验对进入潜在新市场影响的差异性。从地理距离上来说，相比远距离的出口经验国，较邻近的出口经验国对新市场的进入影响应该较大。例如，2011 年中国曾出口 k 产品到日本和美国两个国家，那么，k 产品在两个国家的出口经验对 2012 年中国出口 k 产品到韩国的影响不同。从地理距离上来说，出口日本的经验或许比出口美国的经验更重要，在计算产品的平均出口持续时间过程中，并不能简单平均。因此，本书参考拉赫曼（Rakhman，2010）的做法，分别从地理距离、人均 GDP、文化邻近性以及贸易额的角度对 k 产品当年出口过的出口目的国市场的出口经验进行加权，从而计算得到平均出口持续时间。

（二）按照贸易额加权的平均出口持续时间的估计特征

从贸易额的角度上看，某种产品出口到某个出口目的国市场的贸易额较大，而同年出口到另一个出口目的国市场的贸易额较小，那么，这两个出口目的国市场的经验对该产品进入新潜在市场的影响应该也不一致，因此，应该按照贸易额的大小进行加权计算。基于此，首先，本书采用 k 产品在一年中出口到一国的贸易额占 k 产品同年总出口额的比重作为权重，来计算 k 产品的平均出口持续时间。

$$DURATION\_VAL_{nkt} = \sum_{i=1}^{I} \frac{v_{ikt} \times D_{ikt}}{\sum_{i=1}^{I} v_{ikt}} \qquad (7-1)$$

在式（7-1）中，i 表示所有可能的出口目的国市场，n 为潜在目的国市场，k 表示产品，t 表示年份，$DURATION\_VAL_{nkt}$ 表示产品 k 在 t 年的平均出口持续时间，v_{ikt} 为 t 年中国出口 k 产品到出口目的国市场 i 的出口额，D_{ikt} 为 t 年中国出口 k 产品到出口目的国市场 i 的持续时间，$\sum_{i=1}^{I} v_{ikt}$ 为 t 年中国出口 k 产品到所有目的国市场的出口额的总和。

按贸易额加权的平均出口持续时间的计算结果，如表 7-6 所示。对于所有潜在的贸易关系，其在 2000~2014 年的平均出口持续时间的均值和中位数依次为 4.20 和 3.00。然后，将潜在贸易关系分解为实现的贸易关系与未实现的贸易关系后，这两种贸易关系的均值和中位数出现了差距。实现的贸易关系均值和中位数为 5.15 和 4.47，而未实现的贸易关系的均值和中位数仅为 4.17 和 2.99。从这一特征来看，实现的贸易关系相比未实现的贸易关系，其平均出口持续时间更长，平均出口持续时间是否将对潜在贸易关系的实现存在正向影响还需通过后面的模型分析结果得到。

表 7-6　　　　按贸易额加权的平均出口持续时间的估计

分类	均值	中位数	标准差	观测值
潜在贸易关系	4.198 4	2.998 3	3.856 9	10 935 376
实现的贸易关系	5.146 3	4.470 0	3.548 7	359 450
未实现的贸易关系	4.166 2	2.993 9	3.862 8	10 575 926

资料来源：对 http：//comtrade.un.org/中 HS-6 分位产品进行整理计算后得到。

（三） 按照地理距离加权的平均出口持续时间的估计特征

从地理距离来讲，出口经验国与潜在目的国市场之间的地理距离将影响产品进入新市场的可能性。那么，应该按照出口经验国与潜在目的国市场之间的地理距离大小进行加权计算，因此，计算公式如下：

$$DURATION\_\ dist_{nkt} = \sum_{i=1}^{l} \frac{d_{nikt} \times D_{ikt}}{\sum_{i=1}^{l} d_{nikt}} \qquad (7-2)$$

在式（7-2）中，关于 n，i，k，t 的解释与前面类似，$DURATION\_\ dist_{nkt}$ 为根据地理距离加权的平均出口持续时间，d_{nikt} 为当年已出口过的目的国市场 i 与潜在出口国市场 n 之间的地理距离的倒数。由于从以前的研究文献来看，两国之间的地理距离对产品进入新市场的影响是负向影响，因此，这里选择地理距离的倒数作为权重进行加权平均。D_{ikt} 为出口目的国市场 i 在 t 年出口 k 产品的持续时间，$\sum_{i=1}^{l} d_{nikt}$ 为 t 年所有除 n 之外已出口过的所有目的市场与潜在出口国市场 n 之间地理距离倒数的总和。基于式（7-2）的估计结果，如表 7-7 所示。总的潜在贸易关系的平均出口持续时间均值为 2.26 年。在分类的潜在贸易关系中，实现贸易关系的平均出口持续时间均值为 2.67 年，而未实现贸易关系的平均出口持续时间仅为 2.24 年。这个规律与表 7-6 中按贸易额加权的平均出口持续时间的结果类似，实现的贸易关系相比未实现的贸易关系而言，其平均出口持续时间更长。

表 7-7　　　　　　按地理距离加权的平均出口持续时间的估计

分类	均值	中位数	标准差	观测值
潜在贸易关系	2.258 3	1.819 8	2.191 4	10 935 376
实现的贸易关系	2.665 9	2.376 2	2.018 0	359 450
未实现的贸易关系	2.244 4	1.800 7	2.195 8	10 575 926

资料来源：对 http：//comtrade.un.org/中 HS-6 分位产品进行整理计算后得到。

（四） 按照人均 GDP 加权的平均出口持续时间的估计特征

出口经验国与潜在出口目的国之间的相近程度将有利于产品进入新的潜在目的国市场，这种相近程度除了地理上的邻近性，还有经济上的邻近性，当然，还有文化以及历史上的邻近性。但是，关于哪种邻近性加权的出口经验更能促进新市场的开拓却是不明确的，以上已对地理距离加权的出口持续时间进行分析，鉴于文化和历史邻近性及经济上的邻近性在出口经验溢出方面的重要性，[①] 本书还将选择经济上的邻近性以及文化和历史邻近性对出口经验进行加权。经济上的邻近性，则选择出口经验国与潜在出口国市场的人均 GDP 的差异进行测量。计算公式如式（7－3）所示。

$$DURATION\_\ pgdp_{nkt} = \sum_{i=1}^{I} \frac{p_{nikt} \times D_{ikt}}{\sum_{i=1}^{I} p_{nikt}} \qquad (7-3)$$

在式（7－3）中，关于 n，i，k，t 的解释与前面类似，$DURATION\_\ pgdp_{nkt}$ 表示根据人均 GDP 加权的平均出口持续时间，p_{nikt} 为当年出口过的目的国市场 i 与潜在出口国市场 n 之间的人均 GDP 的差异。与地理距离倒数加权不同，由于一般来说，出口目的国人均 GDP 将对产品进入新市场存在正的影响，故选择人均 GDP 的差异进行直接加权平均，D_{ikt} 为 t 年出口 k 产品到出口目的国市场 i 的持续时间，$\sum_{i=1}^{I} p_{nikt}$ 为 t 年所有除 n 之外已出口过的目的市场与潜在出口国市场 n 之间人均 GDP 差异的总和。

基于式（7－3）计算得到的平均出口持续时间结果，如表7－8所示。潜在贸易关系的平均出口持续时间均值为 2.30，在对潜在贸易关系分解后，相比未实现的贸易关系而言，实现的贸易关系的平均出口持续时间均值最大，达到 2.69，这一点特征与表7－6、表7－7 中的类似。

表7－8　　　　　按人均 GDP 加权的平均出口持续时间的估计

分类	均值	中位数	标准差	观测值
潜在贸易关系	2.303 1	1.818 6	2.138 6	7 699 938
实现的贸易关系	2.694 6	2.312 6	1.978 2	302 410
未实现的贸易关系	2.287 1	1.796 8	2.143 4	7 397 528

资料来源：对 http：//comtrade.un.org/中 HS－6 分位产品进行整理计算后得到。

（五）按照文化邻近性加权的平均出口持续时间的估计特征

与地理距离类似，从文化距离来讲，出口经验国与潜在目的国市场之间的文化距离将影响产品进入新市场的可能性，因此，文化邻近性加权的

---

① 霍夫斯泰德对国与国之间的文化距离进行过调查和计算，为本书文化距离的测算提供了依据。

计算公式与地理距离加权的计算公式相似：

$$DURATION\_cdist_{nkt} = \sum_{i=1}^{l} \frac{cd_{nikt} \times D_{ikt}}{\sum_{i=1}^{l} cd_{nikt}} \tag{7-4}$$

在式（7-4）中，关于 n，i，k，t 的解释与前面类似，$DURATION\_cdist_{nkt}$ 为根据文化邻近性加权的平均出口持续时间，cd_{nikt} 为当年已出口过的目的国市场 i 与潜在出口国市场 n 之间的文化距离的倒数。出口经验国与潜在目的国之间的文化距离与地理距离的邻近性同样对产品进入新市场的影响是正向影响，即出口经验国与潜在目的国之间的文化距离越小，出口经验的加权权重应越大，因此，这里选择文化距离的倒数作为权重进行加权平均，D_{ikt} 为出口目的国市场 i 在 t 年出口 k 产品的持续时间，$\sum_{i=1}^{l} cd_{nikt}$ 为 t 年所有除 n 之外已出口过的所有目的市场与潜在出口国市场 n 之间文化距离倒数的总和。

关于文化距离的测算，科格特和辛格（Kogut，Singh，1988）第一次使用霍夫斯泰德文化四维度法来测量文化距离，即权力距离、个人主义/集体主义、男性主义/女性主义、不确定规避，具体的文化距离公式，如式（7-5）所示。

$$D = \sum \left(\left(I_{ki} - I_{kj} \right)^2 / V_k \right) / 4 \tag{7-5}$$

在式（7-5）中，I_{ki} 表示已出口国 i 的第 k 个文化维度指标值，I_{kj} 表示新的出口目的国 j 的第 k 个文化维度指标值，V_k 表示第 k 个文化维度指标值的方差。这个公式目前来说是文化距离计算公式中使用频率最高的一个公式，因此，本书也沿用该公式来对已出口国与新目的国之间的文化距离进行测算。

以下计算结果为利用 2000～2014 年 99 个国家 5084 种产品的数据得到的文化邻近性加权的平均出口持续时间，计算结果如表 7-9 所示。从结果可以看出，潜在贸易中实现的出口市场扩张与未实现的出口市场扩张的特征与表 7-6～表 7-8 所呈现的特征基本一致。

表 7-9　　　　按文化邻近性加权的平均出口持续时间的估计

分类	均值	中位数	标准差	观测值
潜在贸易关系	2.062 2	1.704 0	2.149 8	3 499 458
实现的贸易关系	2.391 0	2.180 3	1.986 3	186 650
未实现的贸易关系	2.043 7	1.672 2	2.157 1	3 312 808

第二节　计量模型的设定及结果分析

一、数据来源和处理说明

（一）数据来源

为了探讨老产品过去的出口经验对出口地理广化的影响，本节将用第一节根据不同标准加权的平均出口持续时间变量来测量老产品过去的所有出口经验之和。对产品进入新市场的影响变量，参考以往研究文献的结论，本书选择的变量包括，出口目的国的 GDP、人均 GDP，出口国和目的国两者之间的地理距离、两者之间是否有共同边界、是否使用共同语言等引力变量，测量区域合作重要性的变量。例如，目的国是否为自贸区成员或者 WTO 成员，另外，目的国对美元汇率的变动率以及其营商环境对于测量目的国经济环境也非常重要。近年来，全球生产网络快速发展极大改变了全球贸易格局，其基本特征为产品内分工，位于不同地区的进出口商基于联合生产的目的联系在了一起。贸易对象是中间产品，中国作为最大的发展中国家凭借其自然资源禀赋以及劳动力的比较优势越来越深入地参与了国际产品内分工，专业化于劳动密集型产品的生产。周俊子（2011）根据联合国 BEC 的分类对中间品贸易额进行了统计，结果显示，近年来中国中间品贸易占总贸易比重一直保持在 50% 以上的高份额，且不断增加至 2009 年的 62.60%。这说明，中国参与国际产品内分工程度在不断加深，因此，产品层面选择了是否为中间品的虚拟变量，以探讨中间产品对产品出口地理广化的影响作用。

第七章的贸易数据采用 UN-COMTRADE 数据库中 2001～2014 年 HS 96 六分位数据进行分析，出口目的国对美元汇率的变动率来源于 PWT 数据库，出口目的国的 GDP、人均 GDP 以及营商环境数据均来自世界银行的官方网站数据库，出口国和目的国之间的地理距离和是否有共同语言等引力变量来自于 CEP-II 数据库中的引力数据。中间产品的分类，参照安多和基穆拉（Ando，Kimura，2005）的方法进行区分。

（二）数据处理说明

在模型构建之前，有两个数据处理问题需要说明。

第一，数据删失问题。在第四章已经指出数据删失问题的重要性，但是，与第四章的处理不同，本章在关于持续时间的计算之前选择不进行数据删失。因为这部分的主题是探究老产品过去的出口经验对新市场进入的影响，通过左删失，确实可以在一定程度上提高测量产品国家对持续时间的准确度，但是也会将很大一部分产品国家对删掉。在第四章中左删失的观测值的比重几乎接近50%，那么，测量产品过去的出口经验就不完全，也将影响估计的准确性，因此，本章选择不删失数据。

第二，多持续时间段的问题。鉴于比瑟德和普鲁萨（Besedeš，Prusa，2006b）表明，无论同一贸易关系经历了多少持续时间段，将仅取多个持续时间段视为相互独立的若干持续时间段的方法与第一个持续时间段的处理方法将并无二致。同时，考虑到取多个持续时间段将只会增加其估计结果的准确性，因此，本书选择多个持续时间段的数据进行估计。

二、模型的构建

令 S_{nkt} 为一个二值变量，表示中国的产品 k 是否在 t 年进入新市场 n，即中国是否在 t 年实现了一个贸易关系。公式表达如式（7-6）所示。

$$S_{nkt} = \begin{cases} 1 \text{ if } x_{nkt} > 0 \\ 0 \text{ if } x_{nkt} = 0 \end{cases} \qquad (7-6)$$

式（7-6）表示，当 $x_{nkt} > 0$ 时，$S_{nkt} = 1$，意味着当 k 产品从起始年1996年开始至 $t-1$ 年为止中国与该目的国市场都未发生贸易，但是在 t 年发生了正的贸易流量，即该潜在贸易关系在 t 年实现了，故定义 $S_{nkt} = 1$；当 $x_{nkt} = 0$ 时，$S = 0$，则表示该潜在贸易关系在 t 年仍未实现，从起始年1996年开始至 t 年为止中国都未出口过 k 产品到出口国市场 n，那么，$S_{nkt} = 0$。根据对 S_{nkt} 的定义，回归方程的表达式如下所示。

$$\Pr(S_{nkt} = 1) = f(\text{DURATION}_{nk,t-1}, Z) \qquad (7-7)$$

在式（7-7）中，Z 为除平均出口持续时间之外的其他解释变量的组合，$\text{DURATION}_{nk,t-1}$ 是指，中国出口 k 产品到目的国市场 n 的平均出口持续时间的滞后一期，鉴于本章探讨的主题是老产品过去的出口经验对于该产品进入新市场的影响，同时，也为了避免选用当期平均出口持续时间作为影响变量带来的内生性问题，因此，选用滞后一期的平均出口持续时间。

$$\Pr(S_{nkt} = 1) = a_0 + a1(DURATION_{nk,t-1}) + a2(GDP_{nt}) + a3(PGDP_{nt}) + a4dist_{nt} + a5comlang\_off_{nt} + a6ease_{nt} + a7exchangrate_{nt} + a8com_{nt} + a9pyc_{kt}$$

$$(7-8)$$

GDP_{nt}，$PGDP_{nt}$ 为出口目的国市场 t 年的 GDP 和人均 GDP，$dist_{nt}$ 为中国与出口目的国市场之间的地理距离，$comlang\_off_{nt}$ 为共同语言虚拟变量，如果中国与该出口目的国市场都使用同一种官方语言，则取值为 1，否则为 0。$ease_{nt}$ 为出口目的国市场 t 年的营商便利指数排名，$exchangrate_{nt}$ 为 t 年相对 $t-1$ 年出口目的国市场对美元汇率的变动率，com_{nt} 为东盟成员国虚拟变量，如果该目的国市场为中国—东盟自由贸易区的成员国，则取值为 1，否则为 0。pyc_{kt} 为中间产品虚拟变量，如果出口的产品为中间产品，取值为 1，否则为 0。

三、变量的选取

从国家层面、产品层面有很多可能影响出口地理广化的因素，不能一一包括，在参考以往相关研究文献的基础上，本章选择了以下九个影响变量来探讨老产品过去的出口经验怎样影响出口的地理广化。

（一）滞后一期的平均出口持续时间

滞后一期的平均出口持续时间表示一种产品在前一年对所有出口目的国市场的平均出口持续时间，在本书中该变量按四种标准进行加权得到，分别为贸易额加权的平均出口持续时间、地理距离加权的平均出口持续时间人均 GDP 加权的平均出口持续时间以及文化邻近性加权的平均出口持续时间。鉴于实现的潜在贸易关系和未实现的潜在贸易关系的平均出口持续时间的估计结果，同时，平均出口持续时间的变量作为衡量出口经验多少的变量，因此，可以预期滞后一期的平均出口持续时间将对产品进入新市场产生正的影响。

（二）出口目的国市场的 GDP

出口目的国市场的 GDP，用以衡量目的国的经济规模。一般来说，目的国市场的经济规模越大，市场规模就越大，对于出口国进入新市场将存在正的影响。

（三）出口目的国市场的人均 GDP

出口目的国市场的人均 GDP 用以衡量目的国的购买能力，一国的人均 GDP 越高，意味着收入水平越高，购买能力就越强，当然，进口能力也越大。因此，可以预期目的国市场的人均 GDP 也将对产品进入新市场产生正向影响。

（四）中国与出口目的国市场之间的地理距离

两国之间的地理距离将增加出口国的交通成本，交通成本也是衡量贸易过程之间存在的可变成本的变量，运输成本越高将越降低双方的贸易利得，可以预期将不利于潜在贸易关系的实现。因此，推测中国与出口目的国市场之间的地理距离的存在将会负向影响新市场的进入。

（五）是否与中国使用同一种官方语言

两国使用同一种官方语言，将有可能促进进出口双方之间的贸易更加通畅，从而进出口双方之间贸易成本降低，因此，可以预测其对产品进入新市场的影响为正。

（六）营商便利指数排名

营商便利指数在第六章进行出口贸易持续时间影响因素估计中已做说明，它是对世界银行营商环境项目所涉及的 10 个专题中的国家百分比排名的简单平均值进行排名。从 1~189 为经济体排名，第一位为最佳，将最有利于出口商在目的国市场的出口贸易，因此，可以预测营商便利指数排名应该对产品进入新市场存在负的影响。

（七）目的国汇率变动

汇率变动率是指，出口目的国当期相对于上期对美元汇率的变动率，按照预期，汇率波动越大意味着目的国市场的金融风险越大，将不利于潜在贸易关系的实现。

（八）东盟成员国

东盟成员国为虚拟变量，如果目的国为中国—东盟自由贸易区的成员国，取值为1，否则为0。近年来，中国东盟自由贸易区的贸易合作更加深入，贸易更加自由，因此，可以预期目的国为东盟成员国，将有利于产品地理广化的实现。

（九）中间品

中间品为虚拟变量，如果出口的产品为中间产品，取值为1，否则为0。近年来，以中间产品为贸易对象的产品内贸易网络遍布全球，中国参与产品内分工的程度也在加大，中间品的出口市场网络相比最终产品而言更为广泛。因此，可以预期产品为中间品将有利于其地理广化的实现。各变量的含义、单位及对新市场进入影响的预期符号，详见表7-10。

表7-10　出口地理广化的影响因素的含义、单位及预期符号说明

变量表示	变量含义及单位	预期符号
GDP	出口目的国的GDP	+
人均GDP	出口目的国的人均GDP	+
地理距离	出口国与目的国之间的地理距离	-
共同语言	出口国与目的国是否使用同一种官方语言	+
营商便利指数排名	出口目的国的营商环境排名	-
汇率变动率	出口目的国当期相对于上期对美元汇率的变动率	-
东盟成员国	出口目的国是否为中国东盟自贸区的成员国	+
中间品	出口的产品是否为中间产品	+
贸易额加权的平均出口持续时间	所有已出口目的国市场贸易额加权的平均出口持续时间	+
地理距离加权的平均出口持续时间	所有已出口目的国市场与潜在出口市场之间地理距离倒数加权的平均出口持续时间	+
人均GDP加权的平均出口持续时间	所有已出口目的国市场与潜在出口市场之间人均GDP差异加权的平均出口持续时间	+
文化邻近性加权的平均出口持续时间	所有已出口目的国市场与潜在出口市场之间文化距离倒数加权的平均出口持续时间	+

同时，为了控制各种标准加权的平均出口持续时间变量与出口地理广化之间有可能存在的非线性关系，本章在回归模型中加入了各种标准加权的平均出口持续时间的平方项。

四、实证分析及结论

（一）贸易额加权的平均出口持续时间对出口地理广化的影响

表 7 - 11 为通过 logit 回归得到的结果，第（1）列为未控制出口产品和目的国市场的回归结果，第（2）列为控制了出口产品的回归结果，第（3）列为同时控制了出口产品和目的国市场的回归结果。为了便于解释，回归结果中显示回归系数的优势比。[①] 当系数优势比大于 1 时，表示该变量将提高产品进入新市场的概率，优势比小于 1 时，则将降低产品进入新市场的概率。

鉴于本章的重点在于探讨老产品过去的平均出口持续时间对于其地理广化的影响，因此，重点分析贸易额加权的平均出口持续时间及其平方。贸易额加权的平均出口持续时间的系数优势比在以下三种估计结果中接近1.6，这意味着，老产品的平均出口持续时间每增加 1 年，老产品进入新市场的概率就提高 60% 的可能性。

其平方项的系数优势比都小于 1，说明老产品的平均出口持续时间与新市场的进入概率之间整体上呈现倒 "U" 形的关系，这也与拉赫曼（Rakhman，2010）和陈勇兵等（2014）得到的结论基本一致。这说明在某一临界值之前，老产品的平均出口持续时间将增加产品进入新市场的概率，但达到该临界值后，老产品的平均出口持续时间又会降低产品进入新市场的概率。这意味着，老产品的出口经验对新市场的进入产生正的影响是短期的。其原因可能来源于出口持续时间负的时间依存性特征，即如果一国的一种产品或一个企业能持续出口超过几年，那么，此后其在出口中失败的风险将会下降，因此，很有可能在今后很长一段时间持续出口。当平均出口持续时间延长到一定程度时，在老市场的市场地位就越稳定，越不容易退出老市场从而开拓新市场，这时，出口产品开拓新市场的可能性也将降低。当然，在以往的研究文献中也得到过类似的结论，如阿尔瓦雷斯和洛佩兹（Alvarez，Lopez，2005），费尔南德斯和艾斯古德（Fernandes，Isgut，2007）的研究结论，阿尔瓦雷斯和洛佩兹（Alvarez，Lop-

---

① 回归系数的优势比，即系数的指数形式。

ez，2005）使用 1990～1996 年智利的企业层面数据研究得出出口学习效应很有可能只是短期的，即出口经验仅能在短期内提高企业的生产率；费尔南德斯和艾斯古德（Fernandes，Isgut，2007）使用 1981～1991 年哥伦比亚企业层面的数据发现，当采用出口参与度或出口—产出比测量出口经验时，出口学习效应对那些停止出口三年以上的企业基本不存在，或者对那些近年来不出口的企业也几乎没有影响。当然，本书与之不同的是，测量出口经验的变量采用平均出口持续时间进行测量。

影响结果如表 7 - 11 所示，目的国 GDP 的系数优势比大于 1，对产品出口地理广化存在正向的影响作用，这与预期结果一致。共同语言虚拟变量和东盟成员国虚拟变量系数的优势比也如预期一致，两国之间使用共同语言和出口目的国为东盟成员国时，都能促进出口地理广化的实现。两国之间的地理距离、营商便利指数排名以及目的国汇率变动率的系数优势比都小于 1，两国之间的地理距离阻碍了进出口双方的贸易，因此，降低了进入新市场的概率，营商便利指数排名越靠后，意味着营商环境越不利，也将阻碍产品的出口地理广化。目的国汇率变动率越大，即该目的国的金融风险越大，也将不利于产品进入新市场。中间品的虚拟变量系数符号为正，说明出口产品如果为中间产品，将有利于该产品开拓新市场，这也与预期一致，因为这体现了中间产品的出口市场的动态性和广泛性。近年来，以中间产品为贸易对象的产品内贸易网络遍布全球，以加工贸易为主要代表的中国产品内贸易发展至今，已经在全球产品内贸易网络中占有举足轻重的地位。相比最终产品出口市场的稳定性，中间产品出口市场动态性较强，正如产品生命周期理论所揭示的，价值链上游国家的比较优势产品将逐渐被转移至价值链中下游国家。[①] 但是，与预期不一致的是，出口目的国的人均 GDP 的系数优势比小于 1，按预期来说，目的国人均 GDP 越大，意味着目的国市场需求能力越强，将对潜在贸易关系的实现存在正的影响，但巧合的是在第六章的中国出口持续时间的影响因素中，人均 GDP 也对中国出口持续时间的影响为负，这可能与中国出口产品的价格不高以及目标客户群为中低收入人群相关。

[①]　例如，日本和韩国就已经实现了产业的升级，将价值链的低端环节转移到三代工业国家、四代工业国家。

表 7 - 11　　贸易额加权的平均出口持续时间对出口地理广化的影响结果

变量	Logit	Logit	Logit
贸易额加权的平均出口持续时间	1.598*** (226.51)	1.463*** (177.88)	1.464*** (177.93)
GDP	1.313*** (238.15)	1.455*** (306.44)	1.454*** (305.07)
人均 GDP	0.921*** (-44.56)	0.901*** (-55.27)	0.902*** (-54.49)
地理距离	0.848*** (-35.06)	0.829*** (-38.74)	0.828*** (-38.89)
共同语言	1.369*** (11.58)	1.582*** (16.57)	1.581*** (16.55)
营商便利指数排名	0.965*** (-10.57)	0.969*** (-9.10)	0.971*** (-8.45)
目的国汇率波动	1.000** (-2.26)	1.000 (-0.79)	1.000 (-0.89)
东盟成员国	1.191*** (16.29)	1.363*** (28.22)	1.366*** (28.35)
中间品	1.022*** (5.43)	1.123*** (28.72)	1.123 (28.73)
贸易额加权的平均出口持续时间的平方	0.977*** (-133.93)	0.981*** (-106.75)	0.981*** (-106.80)
目的国	否	否	是
产品	否	是	是
年份	否	是	是
对数似然值	-1 111 515	-1 028 700	-1 028 690
观测值	7 102 498	7 102 498	7 102 498

注：***、**、*分别表示参数的估计值在1%、5%、10%的统计水平上显著，括号内数值为z值；"是"表示对此类变量进行了控制；所有变量中，除了虚拟变量、持续时间以及持续时间的平方之外，都以对数形式进行回归。

（二）地理距离加权的平均出口持续时间对出口地理广化的影响

如表 7 - 12 所示，地理距离加权的平均出口持续时间对出口地理广化的系数优势比也大于1，与表 7 - 11 不同的是，这里的平均出口持续时间的系数优势比更大，在第 1 列没有控制出口产品、出口目的国固定效应的logit 模型中，该变量的系数优势比达到 2.37，大幅度超过表 7 - 11 中的1.6。这说明，地理距离加权的平均出口持续时间对出口地理广化的影响更大，这可能因为两国之间的地理距离既包括了地理距离上的邻近性，还包括了历史和文化上的邻近性，甚至有可能包括了经济邻近性的衡量。因此，相比贸易额加权的平均出口持续时间以及表 7 - 13 中人均GDP 的平均出口持续时间而言，更准确地衡量了老产品的出口经验，从而其对老产品进入新市场的影响更大。另外，与新市场地理邻近的老市场的出口经验显著提高了出口地理广化的概率。可见，出口地理广化存在明显的路径依赖，即相对于与老市场地理距离较远的新市场而言，老产品更倾向于顺着与老出口市场地理邻近的新出口市场进行。同时，该变量平方项的系数优势比仍与表 7 - 11 一致，小于 1 说明平均出口持续时间所代表的出口经验与新市场的进入概率之间呈现倒 "U" 形关系。其中原因和贸易额加权的平均出口持续时间对出口地理广化的影响原因一致。目的国 GDP、共同语言、东盟成员国以及中间品虚拟变量的系数优势比都大于 1，而且显著性强；目的国人均 GDP、两国之间的地理距离、营商便利指数排名以及目的国汇率变动率的系数优势比则小于 1，显著性强，这些结论与表 7 - 11 得到的结论基本类似，不再阐述。

表 7 - 12　地理距离加权的平均出口持续时间对出口地理广化的影响结果

变量	Logit	Logit	Logit
地理距离加权的平均出口持续时间	2. 374 *** （215. 68）	2. 113 *** （179. 19）	2. 114 *** （179. 22）
GDP	1. 307 *** （235. 85）	1. 455 *** （307. 35）	1. 455 *** （306. 08）
人均 GDP	0. 925 *** （－42. 11）	0. 903 *** （－53. 99）	0. 904 *** （－53. 16）
地理距离	0. 871 *** （－29. 61）	0. 851 *** （－33. 47）	0. 850 *** （－33. 63）
共同语言	1. 373 *** （11. 69）	1. 607 *** （17. 11）	1. 606 *** （17. 10）
营商便利指数排名	0. 975 *** （－7. 48）	0. 977 *** （－6. 70）	0. 980 *** （－6. 00）
目的国汇率波动	1. 000 * （－1. 85）	1. 000 （－0. 37）	1. 000 （－0. 48）
东盟成员国	1. 098 *** （8. 72）	1. 280 *** （22. 48）	1. 282 *** （22. 64）
中间品	1. 054 *** （13. 45）	1. 142 *** （32. 83）	1. 142 *** （32. 84）
地理距离加权的平均出口持续时间的平方	0. 927 *** （－155. 80）	0. 936 *** （－131. 99）	0. 936 *** （－132. 02）
目的国	否	否	是
产品	否	是	是
年份	否	是	是
对数似然值	－1 119 793	－1 119 793	－1 119 793
观测值	7 102 498	7 102 498	7 102 498

注：***、**、*分别表示参数的估计值在1%、5%、10%的统计水平上显著，括号内数值为 z 值；"是" 表示对此类变量进行了控制；所有变量中，除了虚拟变量、持续时间以及持续时间的平方之外，都以对数形式进行回归。

（三）人均 GDP 加权的平均出口持续时间对出口地理广化的影响

表7-13 为人均 GDP 加权的平均出口持续时间对出口地理广化的影响结果，本章重点研究的平均出口持续时间系数的优势比在 2.0 左右，仍大于1，显著性强。比表7-11 中该变量的系数优势比大，但小于表7-12中该变量的系数优势比，同样说明了老产品过去的出口经验对产品的出口地理广化存在正的影响，而且影响较大。与新市场人均 GDP 差异较小的老市场的出口经验显著提高了出口地理广化的概率，可见，出口的地理广化也存在明显的路径依赖。在这里，即相对于与老市场人均 GDP 差异较大的新市场而言，老产品更倾向于顺着与老出口市场人均 GDP 差异较小的新出口市场进行。平均出口持续时间的平方项的系数优势比仍小于1，显著性强，倒"U"形关系仍然存在。表7-13 中所有的变量系数符号都与表7-11 和表7-12 完全一致，原因也基本与表7-11 和表7-12 的解释一致。

表7-13　人均 GDP 加权的平均持续时间对出口地理广化的影响结果

变量	Logit	Logit	Logit
人均 GDP 加权的平均出口持续时间	1.997*** (195.58)	1.937*** (186.34)	1.936*** (186.31)
GDP	1.271*** (203.28)	1.306*** (223.52)	1.308*** (222.98)
人均 GDP	0.862*** (-76.65)	0.863*** (-75.42)	0.861*** (-75.81)
地理距离	0.850*** (-33.70)	0.846*** (-34.37)	0.847*** (-34.18)
共同语言	1.125*** (4.34)	1.167*** (5.64)	1.164*** (5.57)
营商便利指数排名	0.896*** (-31.78)	0.903*** (-29.64)	0.898*** (-30.75)
目的国汇率波动	1.000*** (-2.79)	1.000** (-2.22)	1.000** (-2.03)
东盟成员国	1.161*** (13.09)	1.184*** (14.73)	1.182*** (14.58)
中间品	1.016*** (3.88)	1.061*** (14.35)	1.061*** (14.32)
人均 GDP 加权的平均出口持续时间的平方	0.933*** (-155.26)	0.935*** (-149.14)	0.935*** (-149.10)
目的国	否	否	是

变量	Logit	Logit	Logit
产品	否	是	是
年份	否	是	是
对数似然值	−1 041 926	−1 041 926	−1 041 926
观测值	6 587 989	6 587 989	6 587 989

注：*** 、** 、* 分别表示参数的估计值在1%、5%、10%的统计水平上显著，括号内数值为 z 值；"是"表示对此类变量进行了控制；所有变量中，除了虚拟变量、持续时间以及持续时间的平方之外，都以对数形式进行回归。

（四）文化邻近性加权的平均出口持续时间对出口地理广化的影响

表7-14为文化邻近性加权的平均出口持续时间对出口地理广化的影响结果，鉴于本书的重点在于探讨老产品过去的平均出口持续时间对于其出口市场扩张的影响，因此，这部分重点分析文化邻近性加权的平均出口持续时间项及其平方项。我们观察到，文化邻近性加权的平均出口持续时间的系数优势比都在1.7~2.0之间，而且都很显著，其中，在未控制出口产品、出口目的国以及年份固定效应的 Logit 模型中，平均出口持续时间对出口市场扩张的促进作用最大，其系数达到1.992。这意味着，老产品的平均出口持续时间每增加1年，老产品进入新市场的概率就有提高0.992倍的可能性，这意味着与新市场文化邻近的老市场的出口经验显著提高了出口市场扩张的概率。可见，产品的出口市场扩张存在明显的路径依赖，即相对于与老市场文化距离较远的新市场而言，老产品更倾向于顺着与老出口市场文化邻近的新出口市场进行。

表7-14 文化邻近性加权的平均持续时间对出口地理广化的影响结果

变量	Logit	Logit	Logit
文化邻近性加权的平均出口持续时间	1.992*** （163.17）	1.769*** （131.62）	1.769*** （131.60）
GDP	1.297*** （139.91）	1.472*** （194.94）	1.472*** （194.91）
人均 GDP	0.917*** （−29.27）	0.881*** （−41.59）	0.882*** （−40.69）
地理距离	0.910*** （−15.07）	0.907*** （−15.21）	0.906*** （−15.26）
共同语言	1.211*** （6.05）	1.338*** （9.03）	1.342*** （9.12）

续表

变量	Logit	Logit	Logit
营商便利指数排名	0.985*** （-3.57）	0.976*** （-5.45）	0.977*** （-5.06）
目的国汇率波动	0.956*** （-2.82）	0.875*** （-7.84）	0.877*** （-7.68）
东盟成员国	1.352*** （17.65）	1.687*** （29.86）	1.685*** （29.78）
中间品	1.185*** （30.95）	1.242*** （38.29）	1.242*** （38.28）
文化邻近性加权的平均出口持续时间的平方	0.945*** （-105.08）	0.955*** （-86.25）	0.955*** （-86.23）
目的国	否	否	是
产品	否	是	是
年份	否	是	是
对数似然值	-555 477	-555 477	-555 477
观测值	2 867 489	2 867 489	2 867 489

注：***、**、* 分别表示参数的估计值在1%、5%、10%的统计水平上显著，括号内数值为z值；"是"表示对此类变量进行了控制；所有变量门，除了虚拟变量、持续时间以及持续时间的平方之外，都以对数形式进行回归。

目的国GDP、人均GDP、共同语言虚拟变量、东盟成员国虚拟变量、两国之间的地理距离、营商便利指数排名以及目的国汇率变动率的系数优势比都与表7-11~表7-13的结果一致。目的国汇率变动率变量的系数优势比在以地理距离加权的平均出口持续时间作为出口经验变量时不显著，在以文化邻近性加权作为出口经验变量时则显著降低了老产品开拓新市场的概率。

第三节　稳健性检验

一、基于不同计量方法的稳健性检验

（一）贸易额加权的平均出口持续时间的稳健性检验

作为对平均出口持续时间的稳健性检验，本书选取probit模型重新对方程进行估计，鉴于在前面的估计中是否控制出口产品和出口目的国变量对结果影响不大，因此，在表7-15～表7-18中仅列出控制出口产品和出口目的国变量的结果。基于probit模型估计的稳健性检验结果，如表7-15所示，重点探讨的贸易额加权的平均出口持续时间以及其平方项的系数优势比均与表7-11一致，且显著性强。其他变量的估计结果无论是系数的优势比大小以及显著性都与表7-11基本一致。这说明，贸易额加权的平均出口持续时间对出口地理广化的影响通过了稳健性检验。

表7-15　贸易额加权的平均出口持续时间对出口地理广化的稳健性检验结果

变量	probit
贸易额加权的平均出口持续时间	1.191*** （180.75）
GDP	1.192*** （302.60）
人均GDP	0.953*** （-54.26）
地理距离	0.915*** （-38.97）
共同语言	1.226*** （14.81）
营商便利指数排名	0.983*** （-10.59）
目的国汇率波动	1.000 （-0.85）
东盟成员国	1.162*** （28.32）
中间品	1.054*** （27.61）
贸易额加权持续时间的平方	0.991*** （-108.08）
目的国	是
产品	是
年份	是
对数似然值	-1028578
观测值	7102498

注：***、**、*分别表示参数的估计值在1%、5%、10%的统计水平上显著，括号内数值为z值；"是"表示对此类变量进行了控制；所有变量中，除了虚拟变量、持续时间以及持续时间的平方之外，都以对数形式进行回归。

（二）地理距离加权的平均出口持续时间的稳健性检验

表7-16为基于probit模型估计的地理距离加权的平均出口持续时间的稳健性分析结果，本书探讨的平均出口持续时间变量的系数优势比大于1，显著性强。相比表7-12而言，该系数优势比较小，但仍说明了代表出口经验的平均出口持续时间显著增加了产品进入新市场的概率。该变量平方项的优势比仍小于1，显著性强，与表7-12一致。

表 7 - 16　地理距离加权的平均出口持续时间对出口地理广化的稳健性检验结果

变量	probit
地理距离加权的平均出口持续时间	1.416*** （186.73）
GDP	1.192*** （303.32）
人均 GDP	0.954*** （-53.12）
地理距离	0.926*** （-33.64）
共同语言	1.241*** （15.57）
营商便利指数排名	0.987*** （-8.23）
目的国汇率波动	1.000 （-0.52）
东盟成员国	1.130*** （23.05）
中间品	1.062*** （31.45）
地理距离加权的平均出口持续时间的平方	0.970*** （-138.57）
目的国	是
产品	是
年份	是
对数似然值	-1 030 800
观测值	7 102 498

注：***、**、*分别表示参数的估计值在 1%、5%、10% 的统计水平上显著，括号内数值为 z 值；"是"表示对此类变量进行了控制；所有变量中，除了虚拟变量、持续时间以及持续时间的平方之外，都以对数形式进行回归。

其他变量无论是从系数的符号还是显著性来看，都与表 7 - 12 基本一致，地理距离加权的平均出口持续时间对出口地理广化的影响结果也通过了稳健性检验。

（三）人均 GDP 加权的平均出口持续时间的稳健性检验

表 7 - 17 为基于 probit 模型估计的人均 GDP 加权的平均出口持续时间的稳健性检验分析结果，同时，控制了出口产品和出口目的国变量，重点研究的人均 GDP 加权的平均出口持续时间的系数优势比大于 1，显著性强，该变量的平方项小于 1，显著性强。这说明老产品的平均出口持续时间在某一临界值之前，随着该变量的延长将会增加产品出口地理广化的概率，在达到某一临界值之后，随着平均出口持续时间的延长又会降低出口地理广化的概率，这一估计结果也是稳健的。

表 7 - 17　人均 GDP 加权的平均出口持续时间对出口地理广化的稳健性检验结果

变量	probit
人均 GDP 加权的平均出口持续时间	1.346*** （196.22）
GDP	1.132*** （224.00）
人均 GDP	0.934*** （-76.14）
地理距离	0.927*** （-33.59）
共同语言	1.076*** （5.41）
营商便利指数排名	0.950*** （-31.41）
目的国汇率波动	1.000* （-1.91）
东盟成员国	1.086*** （15.22）
中间品	1.024*** （12.45）
人均 GDP 加权的平均出口持续时间的平方	0.971*** （-159.48）
目的国	是
产品	是
年份	是
对数似然值	-1 021 017
观测值	6 587 989

注：***、**、* 分别表示参数的估计值在 1%、5%、10% 的统计水平上显著，括号内数值为 z 值；"是"表示对此类变量进行了控制；所有变量中，除了虚拟变量、持续时间以及持续时间的平方之外，都以对数形式进行回归。

其他变量无论是从系数的符号还是显著性来看，都与表 7 - 13 基本一致，人均 GDP 加权的平均出口持续时间对出口地理广化的影响结果也通过了稳健性检验。

（四）文化邻近性加权的平均出口持续时间的稳健性检验

表 7 - 18 为基于 probit 模型估计的文化邻近性加权的平均出口持续时间的稳健性检验分析结果，同时控制了出口产品和出口目的国变量，重点研究的文化邻近性加权的平均出口持续时间的系数优势比大于 1，显著性强，该变量的平方项小于 1，显著性强。这说明老产品文化邻近性加权的平均出口持续时间在某一临界值之前，随着该变量的延长将会增加产品出口地理广化的概率，在达到某一临界值之后，随着平均出口持续时间的延长又会降低出口地理广化的概率，这一估计结果也是稳健的。

表7-18 文化邻近性加权的平均出口持续时间对出口地理广化的稳健性检验结果

变量	probit
文化邻近性加权的平均出口持续时间	1. 313 *** （137. 50）
GDP	1. 208 *** （192. 75）
人均 GDP	0. 942 *** （ － 40. 42）
地理距离	0. 956 *** （ － 14. 24）
共同语言	1. 139 *** （7. 95）
营商便利指数排名	0. 987 *** （ － 5. 84）
目的国汇率波动	0. 934 *** （ － 8. 32）
东盟成员国	1. 293 *** （28. 92）
中间品	1. 103 *** （35. 80）
文化邻近性加权的平均出口持续时间的平方	0. 979 *** （ － 91. 22）
目的国	是
产品	是
年份	是
对数似然值	－ 510 127
观测值	2 867 489

注：***、**、*分别表示参数的估计值在1%、5%、10%的统计水平上显著，括号内数值为 z 值；"是"表示对此类变量进行了控制；所有变量中，除了虚拟变量、持续时间以及持续时间的平方之外，都以对数形式进行回归。

其他变量无论是从系数的符号还是显著性来看，都与表7-14基本一致，文化邻近性加权的平均出口持续时间对出口地理广化的影响结果也通过了稳健性检验。

二、基于不同分类样本的稳健性检验

（一）贸易额加权的平均出口持续时间的稳健性检验

目的国按世界银行收入分类标准分为低收入国家、中高收入国家、中低收入国家、高收入－OECD 国家以及高收入-非 OECD 国家五类。本章最后基于不同分类样本的检验，选择高收入 OECD 的国家以及高收入非 OECD 两类国家进行稳健性检验。检验结果，如表7-19~表7-22所示。

表7-19为选择高收入 OECD 国家和高收入非 OECD 国家两类国家样本估计的贸易额加权平均出口持续时间影响的稳健性检验结果。由于在这两类样本的国家中，基本都属于非东盟成员国以及和中国非共同语言使用

国，所以为了避免共线性，在回归中去掉了共同语言以及东盟成员国虚拟变量。本章重点探讨的贸易额加权的平均出口持续时间的系数优势比在1.7~2.0之间，符号为正，说明平均出口持续时间促进了老产品进入新市场。其平方项的符号为负，意味着平均出口持续时间对老产品进入新市场产生的促进作用将随着时间的推移而递减。除了高收入非OECD国家样本中汇率波动变量的系数显著性不强之外，[①]　其他变量的符号和显著性程度都与表7-11和表7-15一致，说明各个变量对出口地理广化的影响基本通过了稳健性检验。

表7-19　　　　不同样本的贸易额加权平均出口持续时间的稳健性检验结果

变量	logit（高收入OECD国家样本）	logit（高收入非OECD国家样本）
贸易额加权的平均出口持续时间	1.291*** （71.44）	1.222*** （71.58）
GDP	1.196*** （74.43）	1.243*** （82.45）
PGDP	0.836*** （-30.51）	0.904*** （-23.30）
地理距离	0.967*** （-4.29）	0.911*** （-10.58）
营商便利指数排名	0.923*** （-17.12）	0.913*** （-23.74）
目的国汇率波动	0.835*** （-3.58）	1.074 （1.42）
中间品	1.103*** （15.38）	1.031*** （5.67）
贸易额加权的平均出口持续时间的平方	0.983*** （-47.19）	0.990*** （-42.78）
目的国	是	是
产品	是	是
年份	是	是
对数似然值	-96 985	-131 881
观测值	490 151	864 967

注：***、**、*分别表示参数的估计值在1%、5%、10%的统计水平上显著，括号内数值为z值；"是"表示对此类变量进行了控制；所有变量中，除了虚拟变量、持续时间以及持续时间的平方之外，都以对数形式进行回归。

（二）地理距离加权的平均出口持续时间的稳健性检验

表7-20为采用高收入OECD国家和高收入非OECD国家两类国家样本估计的地理距离加权平均出口持续时间影响的稳健性检验结果。本章重

---

①　高收入非OECD国家样本中汇率波动变量系数的显著性不强估计和样本中各个目的国的汇率波动不大的原因有关。

点探讨的地理距离加权的平均出口持续时间的系数优势比为 2.3 ~ 3.4，这说明平均出口持续时间对出口地理广化的影响非常之大且影响显著，尤其是高收入的 OECD 国家样本中，地理距离加权的平均出口持续时间的系数优势比超过 3，既超过了整体样本中该项的优势比，也超过了高收入非 OECD 国家样本中该项的优势比，这说明目的国市场的区域经济合作进一步促进了出口国的地理广化。其平方项为 0.8 ~ 0.9，符号为负，说明平均出口持续时间与新市场进入之间倒"U"形关系通过了稳健性检验。与表 7－12 和表 7－16 不同的是，在高收入非 OECD 国家样本中，目的国市场汇率波动系数不显著，这与表 7－19 的解释一致。但其他变量的系数符号以及显著性程度完全一致。这说明，基于不同样本的各变量对出口地理广化的影响均通过了稳健性检验。

表 7－20　　　不同样本的地理距离加权平均出口持续时间的稳健性检验结果

变量	Logit（高收入 OECD 国家样本）	Logit（高收入 非 OECD 国家样本）
地理距离加权的平均出口持续时间	3.314*** （68.75）	2.365*** （70.18）
GDP	1.424*** （72.91）	1.604*** （82.17）
PGDP	0.708*** （－28.90）	0.816*** （－22.29）
地理距离	0.932*** （－4.61）	0.957*** （－2.04）
营商便利指数排名	0.876*** （－13.81）	0.792*** （－20.30）
目的国汇率波动	0.696*** （－3.45）	1.091 （0.82）
中间品	1.265*** （18.07）	1.100*** （8.51）
地理距离加权的平均出口持续时间的平方	0.876*** （－50.55）	0.925*** （－51.19）
目的国	是	是
产品	是	是
年份	是	是
对数似然值	－137 851	－132 175
观测值	653 133	864 967

注：***、**、*分别表示参数的估计值在 1%、5%、10% 的统计水平上显著，括号内数值为 z 值；"是"表示对此类变量进行了控制；所有变量中，除了虚拟变量、持续时间以及持续时间的平方之外，都以对数形式进行回归。

（三）人均 GDP 加权的平均出口持续时间的稳健性检验

表 7-21 为选择高收入 OECD 国家和高收入非 OECD 国家两类国家样本对人均 GDP 加权的平均出口持续时间对于出口地理广化的影响进行稳健性检验的结果。本章重点研究的人均 GDP 加权的平均出口持续时间对出口地理广化的影响为正，促进作用非常显著，尤其在高收入 OECD 国家样本中，其优势比已经超过 2.4，意味着相比高收入非 OECD 国家样本，其人均 GDP 加权的平均出口持续时间对出口地理广化的促进作用更大。这与表 7-20 的结论一致。其平方项的系数优势比在 0.9 左右，系数符号为负，在两类样本中仍然呈现倒"U"形关系。

表 7-21　不同样本的人均 GDP 加权平均出口持续时间的稳健性检验结果

变量	Logit（高收入 OECD 国家样本）	Logit（高收入 非 OECD 国家样本）
人均 GDP 加权的平均出口持续时间	2.435*** （70.19）	1.948*** （72.99）
GDP	1.279*** （52.43）	1.164*** （25.20）
PGDP	0.575*** （-48.11）	0.709*** （-38.91）
地理距离	0.868*** （-9.64）	0.528*** （-31.43）
营商便利指数排名	0.796*** （-25.20）	0.929*** （-9.47）
目的国汇率波动	0.619*** （-4.57）	0.889 （-1.09）
中间品	1.238*** （16.76）	1.038*** （3.39）
人均 GDP 加权的平均出口持续时间的平方	0.904*** （-56.22）	0.941*** （-57.24）
目的国	是	是
产品	是	是
年份	是	是
对数似然值	-102 619	-141 173
观测值	490 151	819 816

注：***、**、*分别表示参数的估计值在 1%、5%、10% 的统计水平上显著，括号内数值为 z 值；"是"表示对此类变量进行了控制；所有变量中，除了虚拟变量、持续时间以及持续时间的平方之外，都以对数形式进行回归。

其他变量的系数符号与显著性程度，都与表 7-13 和表 7-17 基本一致。唯一不同的是，汇率波动系数的显著性程度不强，原因与表 7-19 的解释一致。

（四） 文化邻近性加权的平均出口持续时间的稳健性检验

表 7 - 22 为选择高收入 OECD 国家和高收入非 OECD 国家两类国家样本对文化邻近性加权的平均出口持续时间对于出口地理广化的影响进行稳健性检验的结果。本章重点研究的文化邻近性加权的平均出口持续时间对出口地理广化的影响为正，促进作用非常显著，尤其在高收入 OECD 国家样本中，其优势比达到 2.0，意味着相比高收入非 OECD 国家样本，其文化邻近性加权的平均出口持续时间对出口地理广化的促进作用更大。这也与表 7 - 21 的结论一致。其平方项的系数优势比在 0.94 左右，系数符号为负，在两类样本中仍然呈现倒"U"形关系。

表 7 - 22　　不同样本的文化邻近性加权平均出口持续时间的稳健性检验结果

变量	Logit（高收入 OECD 国家样本）	Logit（高收入 非 OECD 国家样本）
文化邻近性加权的平均出口持续时间	2.049 *** （64.38）	1.962 *** （52.20）
GDP	1.444 *** （74.36）	1.476 *** （54.83）
PGDP	0.647 *** （-35.98）	1.019 （1.53）
地理距离	0.910 *** （-5.90）	0.841 *** （-6.31）
营商便利指数排名	0.821 *** （-20.49）	0.876 *** （-14.45）
目的国汇率波动	0.793 *** （-2.15）	0.651 *** （-3.59）
中间品	1.230 *** （15.35）	1.174 *** （10.40）
文化邻近性加权的平均出口持续时间的平方	0.943 *** （-39.32）	0.944 *** （-32.98）
目的国	是	是
产品	是	是
年份	是	是
对数似然值	-89 696	-68 190
观测值	459 152	352 015

注：***、**、* 分别表示参数的估计值在 1%、5%、10% 的统计水平上显著，括号内数值为 z 值；"是"表示对此类变量进行了控制；所有变量中，除了虚拟变量、持续时间以及持续时间的平方之外，都以对数形式进行回归。

其他变量的系数符号与显著性程度都与表 7 - 14 基本一致。总而言之，无论是通过 probit 模型进行稳健性检验，还是通过不同分类样本进行稳健性检验，得到的各变量系数和显著性程度都完全通过了稳健性检验。

通过基于不同计量方法和不同目的国市场样本的稳健性检验，首先，说明了按照各类标准加权的平均出口持续时间积极地促进了出口地理广化，其次，当平均出口持续时间达到一定临界值时这种促进作用会减小，最后，甚至会阻碍其进入新市场。

第八章 中国出口持续时间对出口产品广化的影响研究

第一节 出口产品广化中的中国出口贸易关系的特征事实

本章将对中国出口贸易持续时间对于出口产品广化的影响进行探讨，即已出口过产品的平均出口持续时间对潜在出口产品进入同一出口国市场的影响。因此，首先，应该对潜在出口产品进入出口国市场的潜在贸易关系进行分解；其次，应对已出口过产品的平均出口持续时间进行计算；最后，通过构建模型来对中国出口贸易持续时间对出口产品广化的影响进行验证。

一、数据来源及处理说明

本章采用1996~2012年UN-COMTRADE数据库的中国对所有国家的出口贸易数据，为了定义出口产品广化中的出口潜在贸易关系，本章采用和第七章类似的方法，将1996~1999年数据中出口过的市场定义为基准出口目的国市场。如果在这4年中，中国与某个出口目的国市场在某产品上的贸易额都为0，那么，本章将这一贸易关系看作2000年出口产品广化中的一个潜在贸易关系，如果2000年中国与该出口目的国市场在该产品上的贸易额仍然等于0，那么，意味着这一潜在贸易关系在2000年仍未实现，但如果大于0，则表示该潜在贸易关系在2000年得以实现。关于数据的采用，有两个问题需要说明：其一，产品间邻近度加权的平均出口持续时间的运算量非常大，受限于计算机的运算能力，本章的数据仅选择

1996～2012 年的微观产品层面的数据；其二，鉴于产品间邻近度计算采用的是 2005 年 205 个国家 5 089 种的 HS－6 分位出口数据，为了保持前后一致性，中国出口潜在贸易关系的分解也仅对 2000～2012 这 205 个国家 5 089 种产品的 HS－6 分位出口数据进行分解，并在此基础上计算中国平均出口持续时间。最后，考察 1996～2012 年出口过的目的国市场总数为 205 个国家，出口过的产品总数为 5 089 种，由于从 UN-COMTRADE 数据库中得到的数据只存在发生了贸易的观测数据，而为了对出口潜在贸易关系进行分解，则必须将零值贸易即没有发生贸易的年份观测值添加进来，因此，总观测值达到 17 735 165 个。

二、中国出口潜在贸易关系的分解

按照对出口潜在贸易关系、实现的贸易关系与未实现的贸易关系的定义对 2000～2012 年的产品—国家对进行分解，结果如表 8－1 所示。2000 ～2012 年总的潜在贸易关系数为 8 509 753 个，实现的潜在贸易关系数仅为 312 872 个，平均实现的贸易关系数占总体潜在贸易关系的比重仅为 3.68%，未实现的潜在贸易关系数为 8 196 881 个。从 2000～2012 年的整体趋势来看，实现的贸易关系数的比例还有下降趋势，2012 年实现的潜在贸易关系仅占总体的 2.49%，当然，未实现的贸易关系数比重大，也说明了出口产品广化的空间非常大。

表 8－1　　　　2000～2012 年出口产品广化中的贸易关系统计

年份	实现的潜在贸易关系数	占比%	未实现的贸易关系数	占比%	总的潜在贸易关系数
2000	34 380	4.19	787 000	95.81	821 380
2001	29 708	3.77	757 292	96.23	787 000
2002	27 782	3.67	729 510	96.33	757 292
2003	27 705	3.80	701 505	96.16	729 510
2004	27 314	3.89	674 491	96.15	701 505
2005	28 245	4.19	646 246	95.81	674 491
2006	27 795	4.30	618 451	95.70	646 246
2007	25 738	4.16	592 713	95.84	618 451
2008	21 607	3.65	571 106	96.35	592 713
2009	18 927	3.31	552 179	96.69	571 106

年份	实现的潜在贸易关系数	占比%	未实现的贸易关系数	占比%	总的潜在贸易关系数
2010	16 089	2.91	536 090	97.09	552 179
2011	14 600	2.72	521 490	97.28	536 090
2012	12 982	2.49	508 508	97.51	521 490
总数	312 872	3.68	8 196 881	96.32	8 509 753

资料来源：对 http：//comtrade. un. org/中 HS－6 分位产品进行整理计算后得到。

三、产品间邻近度的计算

为了分析已出口过产品的平均出口持续时间对潜在出口产品进入同一出口国市场的影响，计算同一目的国市场已出口过产品的平均出口持续时间是关键，因为平均出口持续时间需要准确测量同一出口目的国市场已出口过产品的出口国家经验。鉴于每个年度中同一出口目的国市场出口过的产品不止一种，同时每种产品的出口国家经验并不会对潜在出口产品产生完全一致的影响，那么，如何根据不同权重计算每种出口过产品在同一出口目的国市场的出口经验非常关键和重要。对于每种产品的出口国家经验并不同等重要，这需要引进产品间邻近度的概念，人与人之间有亲近远疏，产品之间也有邻近与否。例如，假设 2000 年棉织物和汽车曾从中国出口到美国，那么，这两种产品的出口经验是否在 2001 年对棉缝纫线的出口实现将产生同样作用呢？很显然，棉织物和棉缝纫线从生产要素的投入上更相似，那么，2000 年棉织物的出口经验应更为重要，因此，应给予棉织物的出口持续时间以更大比重。

万金和祁春节（2012）曾指出，产品生产是通过一定的技术作用于若干种生产要素，创造出与现有物体具有不同物理性质或化学性质的物质的过程。这种由要素投入相似性所决定的生产在产品间转移的难易程度可称之为产品距离，投入要素相似性越高，产品距离越近，反之越远。在测度产品间邻近度时，本书参考伊达尔戈等（Hidalgo et al.，2007）以及豪斯曼和科林格（Hausmann，Klinger，2007）这两篇文章中的方法。在这两篇文章中，他们设计出一种新的衡量产品之间技术接近程度的测度指标——邻近度，该指标由一个国家同时出口两种产品的条件概率的最小值来表示。① 这种以某种产品与其他产品被许多国家同时出口的可能性的计算方法，实际上是一种以结果为导向来计算产品邻近度的方法。两种产品同时出口反映了两者在生产过程中类似的生产要求，例如，组织、基础设施、资源、技术和其他组成要素。

$$\text{proximity}_{i,j} = \min[\text{Pr}(i|j), \text{Pr}(j|i)] \qquad (8-1)$$

在式（8-1）中，$\text{Pr}(i|j)$ 为当产品 j 在出口时，产品 i 同时出口的平均条件概率，$\text{Pr}(j|i)$ 为当产品 i 出口时，产品 j 同时出口的平均条件概率。这些概率将根据世界上所有国家同时出口这两种产品的可能性计算得到。为了排除偶然性出口的可能性，引入了 RCA 指数的概念，该指数是指，当一个国家的产品呈现比较优势时，那么，这个国家将出口该产品，因此，$\text{Pr}(i|j)$ 和 $\text{Pr}(j|i)$ 的计算如下所示：

$$\text{Pr}(i|j) = \sum_{c} \frac{\text{RCA}_c(i|j)}{\text{RCA}_c(i)} \qquad (8-2)$$

$$\text{Pr}(j|i) = \sum_{c} \frac{\text{RCA}_c(j|i)}{\text{RCA}_c(j)} \qquad (8-3)$$

当一个国家 c 在产品 i 上具备显著比较优势时，RCA 指数应大于 1，RCA 指数的表达式为：

$$\text{RCA}_c(i) = \frac{\text{exports}_c(i) \big/ \sum_{i} \text{exports}_c(i)}{\sum_{c} \text{exports}_c(i) \big/ \sum_{c} \sum_{i} \text{exports}_c(i)} \qquad (8-4)$$

在式（8-4）中，$\text{exports}_c(i)$ 为出口国 c 在产品上的当年出口额，$\sum_{i} \text{exports}_c(i)$ 为出口国 c 中所有产品的当年出口额，$\sum_{c} \text{exports}_c(i)$ 则为所有国家在产品 i 上的当年出口额，$\sum_{c} \sum_{i} \text{exports}_c(i)$ 为所有国家所有产品的当年出口额。为了便于计算 $\text{Pr}(i|j)$ 和 $\text{Pr}(j|i)$，令 RCA 指数为一个虚拟变量，当出口国 c 在产品 i 的出口上具备显著比较优势，即计算得到的 $\text{RCA}_c(i)$ 大于 1 时，令 RCA 等于 1，因此，$\text{Pr}(y|j)$ 等于在产品 i 和产品 j 上同时具有比较优势的国家数量比上仅在产品 j 上具有比较优势的国家

① 所以，要选择两种产品条件概率的最小值的原因在于，避免了某一产品仅由一个出口国出口的情形将产生的计算错误。如果产品 i 仅有一个出口国 c 出口，那么，任何其他产品，例如，产品 j 的 $\text{Pr}(j|i)$ 的值将等于 1，尽管两种产品实际上在生产过程的投入要素上没有任何邻近度。

数量的比例，在产品 i 和产品 j 上同时具有比较优势，即指 $RCA_c(i)$ 和 $RCA_c(j)$ 同时都为 1 时，仅在产品 j 上具有比较优势，即指 $RCA_c(j)$ 为 1 的时候。[①] 最后，两种产品的邻近度，就选择 $Pr(i|j)$ 和 $Pr(j|i)$ 这两种比例中较小的概率。

考虑到数据的可得性及计算的简便性，在计算邻近度时本章使用了 UN-COMTRADE 数据库中 2005 年 205 个国家 5 089 种产品对全世界的总出口数据。通过式（8-1）~式（8-4）进行计算得到了 2005 年 5 089 种产品间的邻近度，表 8-2 为编码 010111 的产品与其他部分产品间的邻近度，表 8-3 为 5 089 种产品间邻近度的统计结果。如表 8-2 所示，编码 010111 的产品为纯种繁殖用马，它与编码 050100、编码 400110 以及编码 800110 的产品间邻近度为 0，编码 050100 的产品为未加工的已净人发或未净人发和人发废料，编码 400110 的产品为天然胶乳，编码 800110 的产品为未锻轧的非合金锡。编码 010111 的产品与编码 300110、编码 070110 的邻近度分别达到 0.417 和 0.364，编码 300110 的产品为腺和器官，编码 070110 的产品为新鲜的或冷藏的马铃薯、种子。从以上部分产品间的邻近度可以看出，产品间邻近度差异较大，生产过程对生产要素的投入要求越相似的产品邻近度越高。

表 8-2　　　　　　　编码 010111 与其他部分产品间的邻近度

HS-6 分位产品编码	HS-6 分位产品编码	邻近度
010111	010119	0.250
010111	020120	0.182
010111	030110	0.026
010111	040110	0.088
010111	050100	0.000
010111	060110	0.182
010111	070110	0.364
010111	080111	0.056
010111	090111	0.029
010111	100110	0.316

---

① $Pr(j|i)$ 同理，即指在产品 i 和产品 j 上同时具有比较优势的国家数量比上仅在产品 i 上具有比较优势的国家数量的比例。

续表

HS-6 分位产品编码	HS-6 分位产品编码	邻近度
010111	200110	0.036
010111	300110	0.417
010111	400110	0.000
010111	500100	0.188
010111	600110	0.050
010111	700100	0.125
010111	800110	0.000
010111	900110	0.200

资料来源：对 http：//comtrade. un. org/中 HS-6 分位产品进行整理计算后得到。

表 8-3 和表 8-4 对 2005 年 5 089 种产品的邻近度特征进行了描述，两种产品邻近度为 0 的占到总体的 12.6%，邻近度大于 0 小于等于 0.2 的产品占到了总体的 60%，邻近度大于 0.5 的产品较少，不超过总体比重的 0.2%。邻近度平均值和中位数依次为 0.142 和 0.127。

表 8-3　　　　　　　　2005 年 5089 种产品的邻近度统计

邻近度分类	频数	百分比（%）
$p = 0$	3 258 208	12.583 4
$P \leqslant 0.1$	6 542 804	25.268 8
$p > 0.1 \& p \leqslant 0.2$	8 928 466	34.482 4
$p > 0.2 \& p \leqslant 0.3$	5 078 728	19.614 4
$p > 0.3 \& p \leqslant 0.4$	1 604 686	6.197 4
$p > 0.4 \& p \leqslant 0.5$	429 516	1.658 8
$p > 0.5 \& p \leqslant 0.6$	38 210	0.147 6
$p > 0.6 \& p \leqslant 0.7$	10 872	0.042 0
$p > 0.7 \& p \leqslant 0.8$	1 108	0.004 3
$p > 0.8 \& p \leqslant 0.9$	166	0.000 6
$p > 0.9 \& p \leqslant 1.0$	68	0.000 3
总数	25 892 832	100.00

资料来源：对 http：//comtrade. un. org/中 HS-6 分位产品进行整理计算后得到。

表 8-4　　　　　　　　2005 年 5089 种产品间邻近度特征

分类		
均值		0.142
中位数		0.127
标准差		0.102

续表

分类			
最小值		0	
最大值		1	
观测值		25 892 832	

资料来源：对 http：//comtrade. un. org/中 HS - 6 分位产品进行整理计算后得到。

四、中国平均出口持续时间的计算

本章的重点在于，已出口过产品的出口经验对潜在出口产品进入同一出口国市场的影响。因此，必须找到准确测量已经出口过的老产品的出口国经验变量，鉴于出口持续时间的概念是指，产品从某国市场到退出该市场中间无间隔所经历的时间，本章也和第七章一样采用出口持续时间来测量出口经验。但与第七章采用平均出口持续时间测量产品出口经验不同的是，本章采用平均出口持续时间是用来测量已出口过产品的国家出口经验。因为第七章是探讨已出口过其他目的国市场的产品出口经验对这些老产品进入新市场的影响，而本章则研究已出口过产品的出口国经验对潜在产品进入同一出口国市场的影响。鉴于每年出口过同一目的国市场的产品并不唯一，因此，计算每一种潜在出口产品的每一个目的国市场的平均出口持续时间非常重要。平均出口持续时间的计算，依赖于权重的依据。

（一）平均出口持续时间的计算方式

令 $k = 1$，…，K 表示产品，$i = 1$，…，I 表示所有可能的出口目的国市场，$t = 1$，…，T 表示出口年份，x_{ikt} 表示中国在 t 年向 i 国出口 k 产品的出口额，D_{ikt} 则表示中国在 t 年向 i 国出口 k 产品的持续时间。$x_{ikt} = 0$ 表示中国在 t 年并未向 i 国出口过 k 产品，同时，$D_{ikt} = 0$。另外，令 $m = 1$，…，M 表示过去已经从中国出口到目的国市场 I 的产品，那么，$x_{Im} > 0$ 表示从起始年开始至当年为止至少出口过 1 年的贸易额。$n = 1$，…，N 表示潜在出口的新产品，即那些过去从未从中国出口到目的国市场 I 的产品，那么，从起始年开始至 $t - 1$ 年为止 $x_{In} = 0$。

平均出口持续时间的计算依赖于权重的依据，最简单的一种方式也是简单平均，即将在 t 年所有出口到国家 I 的产品 k 当年的持续时间进行简单平均，即 $\frac{1}{K}\sum_{k=1}^{K}D_{Ikt}$，但是，这种简单平均的计算方式与第七章解释一样，按同样标准把当年出口到国家 I 的所有产品的出口国家经验对出口产品广化的影响等同为一致的，并没有考虑不同产品之间的出口国家经验对出口产品广化影响的差异性。例如，从邻近度上来说，表 8-2 中，假设编码 070110 的产品和编码 800110 的产品在 2000 年度都曾出口到美国，编码 01011 的产品在样本期内从未出口到美国。那么，该产品在 2001 年度进入美国市场就是一对出口产品广化的潜在贸易关系，2000 年度编码 070110 的产品和编码 800110 的产品与编码 01011 产品的邻近度有显著差异。很显然，这两种产品出口美国市场的经验对编码 01011 产品的影响也有很大区别，与产品 01011 邻近度更大的产品 070110 的出口经验将更大地影响产品 01011 的出口产品广化。如果对这两者当年的持续时间进行简单平均来研究其对产品 01011 进入新市场的影响，就会出现偏误。

因此，本章在参考拉赫曼（Rakhman，2010）做法的基础上，将对平均出口持续时间按照贸易额以及产品间邻近度对当年出口到出口国市场 I 上所有产品的出口经验进行加权平均，以下将对平均出口持续时间的这两种计算方式依次讨论。

（二）按照贸易额加权的平均出口持续时间的估计特征

从贸易额的角度上来看，某种产品出口到出口目的国市场 i 的贸易额较大，而同年另一种产品出口到同一个出口目的国市场 i 的贸易额较小，那么，这两种产品的出口国家经验对其他产品进入该出口目的国市场 i 市场的影响应该也不一致，因此，应该按照贸易额的大小进行加权计算。基于此，本书采用每种产品在一年中出口到一国的贸易额占同年中对该目的国市场 I 的总出口额的比重，作为权重来计算该目的国市场当年的平均出口持续时间。

$$DURATION\_\ VAL_{Int} = \sum_{k=1}^{K}\frac{v_{Ikt}\times D_{Ikt}}{\sum_{k=1}^{K}v_{Ikt}} \qquad (8-5)$$

在式（8-5）中，k 表示当年所有出口到目的国市场 I 的产品，I 表示出口目的国市场，n 为潜在出口产品，t 表示年份，$DURATION\_\ VAL_{Int}$ 表示 t 年出口到目的国市场 I 的平均出口持续时间，v_{Ikt} 为 t 年中国出口 k 产品到

出口目的国市场 I 的出口额, D_{Ikt} 为 t 年中国出口 k 产品到出口目的国市场 I 的持续时间, $\sum_{k=1}^{K} v_{Ikt}$ 为 t 年中国所有产品出口到目的国市场 I 的出口额总和。

按贸易额加权的平均出口持续时间的计算结果,如表 8-5 所示。对于所有潜在的贸易关系,其在 2000~2010 年的平均出口持续时间的均值和中位数依次为 4.70 和 4.44。但是,将潜在贸易关系分解为实现的贸易关系与未实现的贸易关系后,这两种贸易关系的均值和中位数出现了显著差异,实现的贸易关系均值和中位数为 5.79 和 5.49,而未实现的贸易关系的均值和中位数仅为 4.65 和 4.38。从贸易额加权的平均出口持续时间特征来看,实现的贸易关系相比未实现的贸易关系而言,其平均出口持续时间更长,这个特征与出口地理广化中贸易额加权的平均出口持续时间统计特征一致。

表 8-5   贸易额加权的平均出口持续时间特征

分类	均值	中位数	标准差	观测值
潜在贸易关系	4.697 5	4.440 4	2.720 4	7 452 173
实现的贸易关系	5.787 8	5.491 7	2.362 8	285 290
未实现的贸易关系	4.654 1	4.384 0	2.724 6	7 166 883

资料来源:对 http://comtrade.un.org/ 中 HS-6 分位产品进行整理计算后得到。

(三) 按照产品间邻近度加权的平均出口持续时间的估计特征

前面关于产品间邻近度的概念已做出解释,潜在出口产品与已出口产品之间的邻近度将很有可能影响产品进入新市场,那么,应该按照两者之间的邻近度大小进行加权计算,因此,计算公式如下所示:

$$\text{DURATION\_ proximity}_{Int} = \sum_{k=1}^{K} \frac{p_{Inkt} \times D_{Ikt}}{\sum_{k=1}^{K} p_{Inkt}} \tag{8-6}$$

在式 (8-6) 中,关于 n, I, k, t 的解释与前面类似,DURATION_ proximity$_{Int}$ 为根据潜在出口产品与已出口产品间的邻近度加权的平均出口持续时间。p_{Inkt} 为已出口过产品 k 与潜在出口产品 n 之间的邻近度, D_{Ikt} 为 t 年 k 产品出口到目的国市场 I 的持续时间, $\sum_{k=1}^{K} p_{Inkt}$ 为 t 年所有除 n 之外的已出口产品与潜在出口产品 n 之间邻近度的总和。基于式 (8-6) 的估计结果如表 8-6 所示,总的潜在贸易关系的平均出口持续时间均值为 2.89 年,在分类的潜在贸易关系中，实现的贸易关系的平均出口持续时间均值为 3.62 年，而未实现贸易关系的平均出口持续时间仅为 2.86 年。这个规律与表 8-5 中按贸易额加权的平均出口持续时间的结果类似，实现的贸易关系相比未实现的贸易关系而言，其平均出口持续时间更长。

表 8-6　　　　　邻近度加权的平均出口持续时间特征

分类	均值	中位数	标准差	观测值
潜在贸易关系	2.890 2	2.530 3	1.678 6	7 452 173
实现的贸易关系	3.622 0	3.310 1	1.607 6	285 290
未实现的贸易关系	2.861 0	2.498 0	1.674 8	7 166 883

资料来源：对 http://comtrade.un.org/中 HS-6 分位产品进行整理计算后得到。

第二节　计量模型的设定及结果分析

一、数据来源及处理说明

(一) 数据来源

为了探讨已出口过产品的出口经验对潜在出口产品进入同一出口国市场的影响，本章将按照第一节根据不同标准加权的平均出口持续时间变量来测量同一出口国市场所有已出口过产品的出口经验之和。对新的潜在出口产品进入新市场的影响变量，参考以往研究文献的结论以及第七章出口地理广化的影响变量选择，本章选择的变量与第七章一致。引力变量中包括出口目的国的 GDP、人均 GDP，出口国和目的国两者之间的地理距离、两者之间是否有共同边界、是否使用共同语言等引力变量，测量区域合作重要性的变量包括，目的国是否为东盟自贸区成员国虚拟变量、测量国家环境的变量包括目的国对美元汇率的变动率以及其营商环境变量。产品层面仍然选择了是否为中间品的虚拟变量。

受限于计算机运算能力的限制，第八章的贸易数据采用 UN-COMTRADE 数据库中 2000~2011 年 HS-6 分位数据进行分析，出口目的国的 GDP、人均 GDP、出口目的国对美元汇率的变动率、营商环境指数排名数据、中间产品的分类依据来源、出口国和目的国之间的地理距离和是否有共同语言等引力数据的来源均与第七章的数据来源一致。

(二) 数据处理说明

鉴于左删失删掉的观测值比重太大，将有可能导致已出口过产品的出口国家经验测量不准确的问题，本章的数据仍然选择不删失数据。另外，为了和第七章探讨出口地理广化的多持续时间段问题的处理一致，本章选择将多个持续时间段视为相互独立的若干持续时间段的方法进行估计。

二、模型的构建

令 S_{Int} 为一个二值变量，表示中国的潜在出口产品 n 是否在 t 年进入了目的国市场 I，即中国是否在 t 年实现了一个贸易关系。公式表达如式（8-7）所示。

$$S_{Int} = \begin{cases} 1 \text{ if } x_{Int} > 0 \\ 0 \text{ if } x_{Int} = 0 \end{cases} \qquad (8-7)$$

式（8-7）表示，当 $x_{Int} > 0$ 时，$S_{Int} = 1$，意味着当潜在出口产品 n 从起始年 1996 年开始至 $t-1$ 年为止，中国与该目的国市场都未发生贸易，但是，在 t 年发生了正的贸易流量。即该潜在贸易关系在 t 年实现了，故定义 $S_{Int} = 1$；当 $x_{Int} = 0$ 时，$S_{Int} = 0$，则表示该潜在贸易关系在 t 年仍未实现。从起始年 1996 年开始至 t 年为止，中国都未出口过潜在出口产品 n 到目的国市场 I，那么，$S_{Int} = 0$。根据对 S_{Int} 的定义，回归方程的表达式，见式（8-8）。

$$\Pr(S_{Int} = 1) = f(\text{DURATION}_{In,t-1}, Z) \qquad (8-8)$$

在式（8-8）中，Z 为除平均出口持续时间之外的其他解释变量的组合，$\text{DURATION}_{In,t-1}$ 是指，中国潜在出口产品出口到目的国市场 I 的平均出口持续时间的滞后一期。鉴于本章探讨的主题是已出口过产品的过去出口经验对潜在出口产品进入同一出口国市场的影响，同时，也为了避免选用当期平均出口持续时间作为影响变量带来的内生性问题，因此，选用滞后一期的平均出口持续时间。

$$\Pr(S_{Int} = 1) = a_0 + a1(\text{DURATION}_{In,t-1}) + a2(\text{GDP}_{It}) + a3(\text{PGDP}_{It})$$
$$+ a4\, \text{dist}_{It} + a5\, \text{comlang\_off}_{It} + a6\, \text{ease}_{It} +$$

$$a7 \ exchangrate_{lt} + a8 \ com_{lt} + a9 \ pyc_{nt} \qquad (8-9)$$

在式（8-9）中，GDP_{lt}、$PGDP_{lt}$ 为出口目的国市场 t 年的 GDP 和人均 GDP，$dist_{lt}$ 为中国与出口目的国市场之间的地理距离，$comlang\_off_{lt}$ 为共同语言虚拟变量，如果中国与该出口目的国市场都使用同一种官方语言，则取值为 1，否则为 0。$ease_{lt}$ 为出口目的国市场 t 年的营商便利指数排名，$exchangrate_{lt}$ 为 t 年相对 $t-1$ 年出口目的国市场对美元汇率的变动率，com_{lt} 为东盟成员国虚拟变量，如果该目的国市场为中国—东盟自由贸易区的成员国，则取值为 1，否则为 0。pyc_{nt} 为中间产品虚拟变量，如果出口的产品为中间产品，取值为 1，否则为 0。

三、变量的选取

从国家层面、产品层面，有很多可能影响新产品在同一目的国市场扩张的因素，不能一一包括，在参考以往的相关研究文献以及第七章探讨对出口地理广化影响的基础上，本章也选择了 9 个影响变量来探讨老产品过去的出口国家经验怎样影响新产品在同一目的国市场的扩张。本章除了滞后一期的平均出口持续时间变量与第七章不同之外，其他变量与第七章基本一致。因此，以下仅对滞后一期的平均出口持续时间变量进行解释，其他变量的选取和预期结果不再赘述。

关于影响出口产品广化的出口经验变量——滞后一期的平均出口持续时间，与第七章不同的是，它表示中国在前一年对同一目的国市场出口的所有产品的出口经验之和。即根据不同权重加权计算得到的前一年中国对同一目的国市场出口的所有产品的平均出口持续时间，在本章中该变量按两种标准进行加权得到，分别为贸易额加权的平均出口持续时间以及产品间邻近度加权的平均出口持续时间。鉴于本章第一节部分实现的潜在贸易关系和未实现的潜在贸易关系的平均出口持续时间的估计结果，同时，平均出口持续时间变量作为衡量出口经验的变量，因此，可以预期滞后一期的平均出口持续时间将对潜在出口产品的广化产生正的影响。

各变量的含义、单位及对出口产品广化影响的预期符号，见表 8-7。

表 8-7　对出口产品广化的影响因素的含义、单位及预期符号说明

变量表示	变量含义及单位	预期符号
GDP	出口目的国的 GDP	+
人均 GDP	出口目的国的人均 GDP	+
地理距离	出口国与目的国之间的地理距离	−
共同语言	出口国与进口国是否使用同一种官方语言	+
营商便利指数排名	出口目的国的营商环境排名	−
汇率变动率	出口目的国当期相对于上期对美元汇率的变动率	−
东盟成员国	出口目的国是否为中国—东盟自贸区的成员国	+
中间品	出口的产品是否为中间产品	+
贸易额加权的平均出口持续时间	同一目的国市场所有已出口产品贸易额加权的平均出口持续时间	+
邻近度加权的平均出口持续时间	同一目的国市场所有已出口产品与潜在出口产品之间邻近度加权的平均出口持续时间	+

同时，为了控制各种标准加权的平均出口持续时间变量与出口产品广化之间可能存在的非线性关系，与第七章类似，本章在回归模型中也加入了各种标准加权的平均出口持续时间的平方项。

四、实证分析及结论

(一) 贸易额加权的平均出口持续时间对出口产品广化的影响

表 8-8 为通过 logit 回归得到的结果，第 (1) 列为未控制出口产品和目的国市场的回归结果；第 (2) 列为控制了出口产品的回归结果；第 (3) 列为同时控制了出口产品和目的国市场的回归结果。为了便于解释，回归结果中显示回归系数的优势比，即系数的指数形式。当系数优势比大于 1 时，表示该变量将提高新产品的出口产品广化的概率，优势比小于 1 时，则将降低新产品的出口产品广化的概率。

鉴于本章的重点在于探讨老产品过去的出口国家经验对新产品在同一目的国市场扩张产生的影响，因此，重点来分析贸易额加权的平均出口持续时间变量及其平方项。贸易额加权的平均出口持续时间的系数优势比在以下三种估计结果中在 1.3 ~ 1.5 之间。这意味着，同一目的国市场已出口过产品的平均出口持续时间每增加 1 年，新的潜在出口产品再进入该目的国市场的概率就提高 40% 的可能性。其平方项的系数优势比都小于 1，在 0.9 ~ 1.0 之间，说明已出口过产品的平均出口持续时间与出口产品广化概率之间整体呈现倒 "U" 形的关系，这也与拉赫曼（Rakhman，2010）得到的结论基本一致。这说明在某一临界值之前，同一目的国市场已出口过产品的平均出口持续时间先将增加其在该目的国市场扩张的概率，但达到该临界值后，平均出口持续时间的延长又会降低出口产品广化的概率。这意味着，出口国家经验对出口产品广化产生正的影响只是短期的。其原因可能与产品之间的替代性和竞争性相关，当一个国家的产品越来越多地进入同一目的国，达到某个临界值，并且，产品之间相互替代性很强，从而将阻碍该国的其他产品进入目的国市场。

目的国 GDP 的系数优势比在 1.2 ~ 1.3 之间，对出口产品广化存在正向的影响作用，这与预期结果一致。共同语言虚拟变量、东盟成员国虚拟变量以及中间品虚拟变量的系数优势比也如预期一致。两国之间的地理距离、营商便利指数排名以及目的国汇率变动率的系数优势比都小于 1，两国之间的地理距离阻碍了进出口双方的贸易，因此，降低了出口产品广化的概率，营商便利指数排名越靠后，意味着营商环境越不利，也将阻碍目的国市场的出口产品广化，目的国汇率变动率越大，即该目的国的金融风险越大，也将不利于出口产品广化。但是，与预期不一致的是，出口目的国的人均 GDP 的系数优势比小于 1，这可能也与中国出口产品的价格不高以及目标客户群为中低收入人群相关。值得注意的是，本章关于出口产品广化的影响因素与出口地理广化的影响因素，无论是从预期符号来看还是系数显著性程度来看基本一致。因为无论是新产品在同一目的国市场的扩张还是已出口过的老产品进入新市场都属于潜在贸易关系的实现，都属于出口结构增长中出口广化的范畴、性质是一样的。

表 8-8　贸易额加权的平均出口持续时间对出口产品广化的影响结果

变量	Logit	Logit	Logit
贸易额加权的平均出口持续时间	1.393 *** （84.16）	1.420 ** （88.66）	1.423 *** （88.83）
GDP	1.252 *** （155.56）	1.267 *** （162.38）	1.267 *** （162.42）

变量	Logit	Logit	Logit
PGDP	0.903 *** （-49.54）	0.901 *** （-50.12）	0.900 *** （-50.41）
地理距离	0.856 *** （-30.42）	0.840 *** （-33.76）	0.839 *** （-34.01）
共同语言	1.144 *** （4.53）	1.238 *** （7.09）	1.240 *** （7.15）
营商便利指数排名	0.941 *** （-17.08）	0.938 *** （-17.89）	0.936 *** （-18.44）
目的国汇率波动	0.990 *** （-7.68）	0.989 *** （-7.91）	0.989 *** （-7.91）
东盟成员国	1.054 *** （4.08）	1.074 *** （5.54）	1.070 *** （5.23）
中间品	1.108 ** （23.90）	1.353 *** （68.42）	1.353 *** （68.40）
贸易额加权的平均出口	0.973 ***	0.973 ***	0.972 ***
持续时间的平方	（-92.55）	（-93.93）	（-94.10）
目的国	否	否	是
产品	否	是	是
对数似然值	-947 244	-926 034	-926 017
观测值	5 522 367	5 522 367	5 522 367

注：*** 、** 、* 分别表示参数的估计值在 1% 、5% 、10% 的统计水平上显著，括号内数值为 z 值；"是" 表示对此类变量进行了控制；所有变量中，除了虚拟变量、持续时间以及持续时间的平方之外，都以对数形式进行回归。

（二）产品间邻近度加权的平均出口持续时间对出口产品广化的影响

如表 8-9 所示，相比表 8-8 贸易额加权的平均出口持续时间的系数优势而言，产品间邻近度加权的平均出口持续时间对出口产品广化的系数优势比更大。在 1.5~1.6 之间，显著性强，这说明产品间邻近度加权的平均出口持续时间促进了新产品在同一目的国市场的扩张。与新产品之间邻近度较大的老产品的出口经验，也显著提高了该产品向同一目的国市场的扩张概率，因此，与出口地理广化同样的道理，出口产品广化也存在明显的路径依赖。即相对于与老产品邻近度较小的新产品而言，向同一目的国市场的扩张更倾向于顺着与老产品邻近度较大的新产品中进行。

同时，该变量平方项的系数优势比仍与表 8-8 一致，为 0.9~1.0，小于 1 说明平均出口持续时间所代表的同一目的国市场其他已出口过产品的出口经验与出口产品广化的概率之间的关系仍然呈现倒"U"形关系，原因与表 8-8 的解释一致。

目的国 GDP、共同语言虚拟变量、东盟成员国虚拟变量以及中间品虚拟变量的系数优势比都大于 1，而且显著性强；目的国人均 GDP、两国之间的地理距离、营商便利指数排名以及目的国汇率变动率的系数优势比则小于1，显著性强，这些结论与表8-8得到的结论基本类似，不再阐述。

表8-9 邻近度加权的平均出口持续时间对出口产品广化的影响结果

变量	Logit	Logit	Logit
邻近度加权的平均出口持续时间	1.502*** (68.78)	1.562*** (74.92)	1.564*** (74.79)
GDP	1.263*** (150.11)	1.276*** (155.65)	1.276*** (155.64)
PGDP	0.896*** (-53.40)	0.893*** (-54.38)	0.893*** (-53.98)
地理距离	0.855*** (-30.61)	0.840*** (-33.67)	0.840*** (-33.72)
共同语言	1.341*** (9.76)	1.449*** (12.21)	1.450*** (12.23)
营商便利指数排名	0.938*** (-18.13)	0.937*** (-18.51)	0.936*** (-18.59)
目的国汇率波动	0.990*** (-7.48)	0.990*** (-7.26)	0.990*** (-7.25)
东盟成员国	1.060*** (4.52)	1.075*** (5.55)	1.073*** (5.42)
中间品	1.107*** (23.65)	1.353*** (68.32)	1.353*** (68.32)
邻近度加权的平均出口持续时间的平方	0.951*** (-80.46)	0.949*** (-83.49)	0.949*** (-83.43)
目的国	否	否	是
产品	否	是	是
对数似然值	-947 865	-926 623	-926 621
观测值	5 522 367	5 522 367	5 522 367

注：***、**、*分别表示参数的估计值在1%、5%、10%的统计水平上显著，括号内数值为z值；"是"表示对此类变量进行了控制；所有变量中，除了虚拟变量、持续时间以及持续时间的平方之外，都以对数形式进行回归。

第三节 稳健性检验

一、基于不同计量方法的稳健性检验

（一）贸易额加权的平均出口持续时间的稳健性检验

基于不同计量方法的稳健性检验，本书选取probit模型重新对方程进行估计，与第七章处理一致，在表8-10～表8-11中仅列出控制出口产品和出口目的国变量的结果。基于probit模型估计的稳健性检验结果，如表8-10所示。重点探讨的贸易额加权的平均出口持续时间的系数优势比为 1.171，仍大于 1，显著性强，与表 8 - 8 一致，该变量的平方项为 0.988，小于 1，这点仍然与表 8 - 8 一致。其他变量的估计结果无论是系数的优势比大小以及显著性，都与表 8 - 8 基本一致。这说明，贸易额加权的平均出口持续时间对同一目的国市场的出口产品广化的影响通过了稳健性检验。

表 8 - 10　　不同计量方法的贸易额加权的平均出口持续时间的稳健性检验结果

变量	probit
贸易额加权的平均出口持续时间	1.171 *** （90.35）
GDP	1.116 *** （163.21）
人均 GDP	0.954 *** （-49.57）
地理距离	0.922 *** （-33.81）
共同语言	1.117 *** （7.38）
营商便利指数排名	0.970 *** （-18.32）
目的国汇率波动	0.994 *** （-9.09）
东盟成员国	1.033 *** （5.32）
中间品	1.143 *** （65.89）
贸易额加权的平均出口持续时间的平方	0.988 *** （-95.47）
目的国	是
产品	是
对数似然值	-924 823
观测值	5 522 367

注：***、**、*分别表示参数的估计值在1%、5%、10%的统计水平上显著，括号内数值为z值；"是"表示对此类变量进行了控制；所有变量中，除了虚拟变量、持续时间以及持续时间的平方之外，都以对数形式进行回归。

（二）产品间邻近度加权的平均出口持续时间的稳健性检验

表 8 - 11 为基于 probit 模型估计的产品间邻近度加权的平均出口持续时间的稳健性检验分析结果，同时控制了出口产品和出口目的国变量，重点研究的邻近度加权的平均出口持续时间的系数优势比为 1.23，大于 1，显著性强，该变量的平方项小于 1，显著性强。这说明同一目的国市场其他已出口过产品的平均出口持续时间在某一临界值之前，随着该变量的延长将会增加新产品在该目的市场扩张的概率，在达到某一临界值之后，随着平均出口持续时间的延长又会降低出口产品广化的概率，这一估计结果也是稳健的。其他变量无论是从系数的优势比还是显著性来看，都通过了

稳健性检验。

表 8 - 11　不同计量方法的邻近度加权的平均出口持续时间的稳健性检验结果

变量	probit
邻近度加权的平均出口持续时间	1. 227 *** （77. 76）
GDP	1. 119 *** （156. 61）
人均 GDP	0. 950 *** （ - 53. 54）
地理距离	0. 922 *** （ - 33. 78）
共同语言	1. 218 *** （13. 02）
营商便利指数排名	0. 970 *** （ - 18. 56）
目的国汇率波动	0. 995 *** （ - 8. 50）
东盟成员国	1. 033 *** （5. 28）
中间品	1. 143 *** （65. 85）
邻近度加权的平均出口持续时间的平方	0. 977 *** （ - 86. 96）
目的国	是
产品	是
对数似然值	- 925 344
观测值	5 522 367

注: *** 、 ** 、 * 分别表示参数的估计值在 1% 、 5% 、 10% 的统计水平上显著，括号内数值为 z 值； "是" 表示对此类变量进行了控制；所有变量中，除了虚拟变量、持续时间以及持续时间的平方之外，都以对数形式进行回归。

二、基于不同分类样本的稳健性检验

（一）贸易额加权的平均出口持续时间的稳健性检验

本章也在基于不同分类样本的检验中选择高收入 OECD 国家以及高收入非 OECD 国家两类国家样本进行稳健性检验。表 8 - 12 为关于贸易额加权平均出口持续时间的高收入 OECD 国家以及高收入非 OECD 国家样本的稳健性检验结果，与第七章稳健性检验处理一致。为了避免共线性，在回归中去掉了共同语言以及东盟成员国虚拟变量，其他变量的检验结果如表 8 - 12 所示。本章重点研究的贸易额加权的平均出口持续时间系数的优势比在 1. 2 ~ 1. 4 之间，说明仍然促进了同一目的国市场的出口产品广化，这与表 8 - 8 和表 8 - 10 的结果一致。其平方项的系数优势比在 0. 9 ~ 1. 0 之间，系数符号为负，这意味着平均出口持续时间与出口产品广化之间存在倒 "U" 形关系。除了目的国汇率变量在高收入非 OECD 国家样本中的符号与前面结果不一致外，其他变量无论是从系数符号还是显著性程度来看，都与表8-8和表8-10的结果一致。

表8-12　　不同样本的贸易额加权平均出口持续时间的稳健性检验结果

变量	Logit （高收入 OECD 国家样本）	Logit （高收入非 OECD 国家样本）
贸易额加权的平均出口持续时间	1. 307 *** （22. 86）	1. 293 *** （20. 82）
GDP	1. 263 *** （52. 11）	1. 261 *** （28. 86）
PGDP	0. 736 *** （ - 34. 40）	0. 881 *** （ - 14. 24）
地理距离	0. 903 *** （ - 6. 37）	0. 736 *** （ - 14. 45）
营商便利指数排名	0. 875 *** （ - 18. 95）	0. 930 *** （ - 8. 19）
目的国汇率波动	0. 971 *** （ - 4. 74）	1. 042 *** （4. 74）
中间品	1. 522 *** （38. 11）	1. 317 *** （22. 50）
贸易额加权的平均出口持续时间的平方	0. 980 *** （ - 27. 62）	0. 979 *** （ - 23. 72）
目的国	是	是
产品	是	是
对数似然值	- 144 509	- 119 132
观测值	657 645	657 085

注：***、**、*分别表示参数的估计值在1%、5%、10%的统计水平上显著，括号内数值为z值；"是"表示对此类变量进行了控制；所有变量中，除了虚拟变量、持续时间以及持续时间的平方之外，都以对数形式进行回归。

（二）产品间邻近度加权的平均出口持续时间的稳健性检验

表8-13选择了高收入 OECD 国家以及高收入非 OECD 国家两类样本对邻近度加权平均出口持续时间对于出口产品广化产生的影响进行稳健性检验。在回归中同样去掉了共同语言和东盟成员国虚拟变量，重点研究的邻近度加权平均出口持续时间变量的系数优势比在1.3～1.4之间，说明邻近度加权的平均出口持续时间对同一目的国市场的出口产品广化将产生正的影响。其平方项的系数优势比也在0.9～1.0之间，符号为负，这与表8-9和表8-11的结果一致。

与表8-9和表8-11不同的是，高收入非 OECD 国家样本的稳健性检验结果中目的国汇率变动的系数优势比大于1，符号与表8-9和表8-11不一致，其他变量的符号和显著性程度均与前述一致。

表 8 - 13　不同样本的邻近度加权平均出口持续时间的稳健性检验结果

变量	Logit（高收入 OECD 国家样本）	Logit（高收入非 OECD 国家样本）
邻近度加权的平均出口持续时间	1. 348 *** （19. 44）	1. 388 *** （18. 42）
GDP	1. 277 *** （48. 09）	1. 270 *** （31. 31）
PGDP	0. 727 *** （ - 36. 14）	0. 887 *** （ - 13. 01）
地理距离	0. 886 *** （ - 7. 46）	0. 743 *** （ - 14. 48）
营商便利指数排名	0. 882 *** （ - 17. 76）	0. 885 *** （ - 13. 36）
目的国汇率波动	0. 975 *** （ - 4. 04）	1. 054 *** （6. 04）
中间品	1. 516 *** （37. 74）	1. 314 *** （22. 25）
邻近度加权的平均出口持续时间的平方	0. 968 *** （ - 25. 09）	0. 959 *** （ - 22. 75）
目的国	是	是
产品	是	是
对数似然值	- 144 538	- 119 079
观测值	657 645	657 085

注：***、**、* 分别表示参数的估计值在 1%、5%、10% 的统计水平上显著，括号内数值为 z 值；"是" 表示对此类变量进行了控制；所有变量中，除了虚拟变量、持续时间以及持续时间的平方之外，都以对数形式进行回归。

从基于不同计量方法和不同样本进行的稳健性检验结果中，说明了本章重点研究的平均出口持续时间对同一目的国市场的出口产品广化产生正的影响。但是，这种正的促进影响并不是永恒的，即平均出口持续时间与出口产品广化之间存在倒 "U" 形关系。

第九章　结论与政策建议

第一节　主要结论

本书，首先，在理论部分分别通过梅里兹（Melitz，2003）异质性企业贸易理论、劳奇和沃森（Rauch，Watson，2003）模型、阿罗（Arrow，1962）的"干中学"模型、罗默（Romer，1986）的竞争性均衡长期增长模型、斯彭斯（Spence，1985）的"学习曲线"、费尔南德斯和邓（Fernandes，Tang，2014）的出口经验对出口地理广化和出口产品广化影响的理论模型以及影响机理分析为第六章、第七章、第八章的实证分析提供了理论基础。其次，采用生存分析方法对中国出口持续时间的分布特征进行描述，并从宏观角度和微观角度对中国出口贸易的总体情况及出口结构特征进行了描述。再其次，采用离散时间模型对中国出口贸易持续时间的影响因素进行研究，并对出口产品种类和出口市场数量对于中国出口贸易持续时间的影响进行画图法分析。又次，采用二项选值模型对出口持续时间对于中国出口地理广化和出口产品广化的影响进行研究。最后，在以上理论分析和实证分析的基础上，针对出口持续时间和出口地理广化以及出口产品广化之间关系的研究结论提出了政策和建议。以上研究的基本结论包括以下六点：

第一，在采用生存分析法对中国出口持续时间的分布特征进行估计之后发现，持续时间为 1 年的时间段占总体的比重接近 50%，持续时间 5 年及 5 年以上的时间段比重仅为 21.8%，10 年及以上的时间段不到 10%，这说明中国出口贸易关系持续时间非常短暂。在 11 个分类基础上的持续时间特征差异较大，出口目的国 GDP、出口目的国人均 GDP、初始贸易额、出口国家数量、出口产品种类分类下的产品持续时间分布特征基本类似，持续时间都随指标值的增加而延长。而两国之间的地理距离、营商便利指数排名、出口目的国的汇率变动率水平分类下的分布特征恰好相反，持续时间都随指标值的增加而缩短。另外，共同语言、东盟成员国、差异化产品为虚拟变量指标，两国之间使用共同语言、目的国为东盟成员国以及出口产品为差异化产品的分类中其持续时间更长。但是，以上11种分类下中国出口贸易持续时间的分类估计结果，仅能说明具备某种分类特征下产品生存率的分布特征。例如，差异化产品相比另外两种非差异化产品而言，其生存率更高，但无法说明差异化产品是否降低了产品出口危险率。

第二，在中国出口贸易的宏观结构中，中国出口的国别结构特征表现为出口市场过于集中，近年来虽有改善，但比重仍然失调。出口的产品结构中，工业制成品相比初级产品而言，虽说近年来比重一直在上升，但工业制成品出口额的增长率由于金融危机以及欧洲主权债务危机的影响，2009~2012年增长率趋缓，甚至在2011年低于初级产品的增长率，这可能与出口市场过于集中以及出口产品过于集中有着紧密的联系。从联合国的标准国际贸易产品分类以及《商品名称及编码协调制度的国际公约》分类的特征来看，中国的出口商品过度依赖于某种产品或者少数几种产品的现象非常严重。从微观层面的出口增长结构特征可知，中国的出口增长结构呈现出口深化比重过高，出口广化比重不足的总体特征，在出口广化结构内部又体现了出口产品广化对出口增长的贡献远不如出口地理广化的特点。但是，从增长趋势来看，出口广化增长率高于出口深化增长率，出口产品广化增长率又高于出口地理广化增长率。这说明，近年来中国的出口结构在出口多元化政策的推动下有了一定改善，但从绝对比重来看仍然不尽合理。

第三，构建离散时间模型对中国出口持续时间的影响因素进行了经验研究后得到以下结论，出口目的国GDP变量、初始贸易额变量、同一产品出口国数量、两国之间使用共同语言、出口目的国为东盟成员国以及出口产品为差异化产品的虚拟变量对中国出口持续时间的影响为正，即这些因素降低了产品的出口危险率，从而延长了中国出口持续时间。而出口目的国的人均GDP、两国之间的地理距离、出口目的国的营商便利指数排名、同一目的国出口产品种类、汇率变动率5个变量对中国出口持续时间的影响为负，意味着这些影响因素不利于中国出口持续时间的延长。

第四，采用在随机效应模型基础上的危险率以及置信区间线的绘图法来确定本书重点研究的出口广化程度变量的显著性，得到的结论是代表出口地理广化程度的同一产品出口国数量变量的增加将降低产品的出口危险率，代表出口产品广化程度的同一目的国出口产品种类变量的增加反而将提高产品的出口危险率。但从变量对产品出口平均危险率的影响程度来看，同一产品出口国数量变量对出口危险率的影响更大。另外，比较了出口广化程度变量与国家层面特征变量中出口目的国 GDP 变量以及产品层面特征变量中差异化虚拟变量的影响大小，同一产品出口国数量增长为之前的 10 倍时对出口危险率的影响超过了出口目的国 GDP 增长为之前 100 倍时对出口危险率带来的影响。而且，前者的变动也比差异化产品对出口危险率带来的影响更大。同一目的国出口产品种类减少为之前的 1/10 时，对出口危险率的影响程度不如出口目的国 GDP 增加为之前的 100 倍时带来的影响，同时，也要小于差异化产品带来的影响。

第五，在对出口地理广化中的中国出口贸易关系进行分解后发现，实现的潜在贸易关系比例不足，未实现的贸易关系数比重太大。这也验证了第四章的出口广化比例小的事实，同时，也说明出口地理广化的空间较大。另外，探讨了潜在贸易关系与出口目的国的区域分布、收入状况以及是否东盟成员国和 WTO 成员之间存在的关系后发现，目的国为发达国家、目的国为高收入-OECD 国家、目的国为东盟成员国、目的地为 WTO 成员的贸易关系中实现的贸易关系数比重较大。之后，通过贸易额、两国之间的地理距离以及两国之间的人均 GDP 差异加权的平均出口持续时间的计算后可知，实现的贸易关系相比未实现的贸易关系而言，其平均出口持续时间更长。从这点来看，平均出口持续时间对于潜在贸易关系实现的概率存在正向影响，即平均出口持续时间越长，越能促进潜在贸易关系的实现。最后，通过构建二项选值模型对平均出口持续时间对于出口地理广化实现的影响进行了进一步验证，得到的基本结论是无论哪种加权的平均出口持续时间均能促进出口地理广化的实现。其中，尤以地理距离加权的平均出口持续时间对出口地理广化的促进作用最明显。这说明，地理邻近国家的出口经验更为重要，同时，又说明出口地理广化存在明显的路径依赖。即相对于与老市场地理距离较远的新市场而言，老产品更倾向于顺着与老出口市场地理邻近的新出口市场进行。而平均出口持续时间平方项的系数优势比都小于1，说明老产品的平均出口持续时间与新市场进入概率之间整体上呈现倒"U"形的关系。另外，出口目的国的GDP变量，两国之间使用共同语言的虚拟变量、出口目的国为东盟成员国的虚拟变量以及出口产品为中间产品的虚拟变量的符号都为正，意味着对出口地理广化存在正向的影响作用。而出口目的国的人均GDP变量、两国之间的地理距离变量、营商便利指数排名变量以及目的国汇率波动变量的符号为负，将会阻碍出口地理广化的实现。

第六，出口产品广化中的中国出口贸易关系的分布特征与出口地理广化中的特征基本类似，实现的潜在贸易关系比例相比未实现的贸易关系数比重而言过小，也同样说明了出口产品广化的空间也非常大。在按照贸易额与产品间邻近度加权对平均出口持续时间进行计算后可知，实现的贸易关系相比未实现的贸易关系而言，其平均出口持续时间更长，这与出口地理广化中的出口持续时间特征一致。最后，构建二项选值模型对贸易额加权的平均出口持续时间以及邻近度加权的平均出口持续时间对于出口产品广化的影响进行验证，得到的结论如下。两种加权情况下的平均出口持续时间的系数优势比都大于1，说明平均出口持续时间促进了出口产品广化的实现。与新产品之间邻近度较大的老产品的出口经验也显著提高了该产品向同一目的国市场的扩张概率。因此，与出口地理广化同样的道理，出口的产品广化也存在明显的路径依赖，即相对于与老产品邻近度较小的新产品而言，向同一目的国市场的扩张更倾向于顺着与老产品邻近度较大的新产品进行。其平方项的系数优势比都小于1，意味着在某一临界值之前，同一目的国市场已出口过产品的平均出口持续时间先将增加新的潜在出口产品在该目的国市场扩张的概率，但达到该临界值后，同一目的国市场已出口过产品的平均出口持续时间又会降低出口产品广化的概率。其他变量对出口产品广化的影响方向与对出口地理广化的影响类似，这些变量的影响与预期基本一致。但出口目的国的人均GDP的影响为负，这与预期并不一致，说明出口目的国的人均GDP越高，越不利于出口产品的扩张，这可能与中国出口产品价格不高以及目标客户群为中低收入人群有关。

第二节　政策建议

基于以上研究结论不难发现，中国出口仍主要沿着出口深化增长，出口广化的贡献率相对微弱。而大量的研究已表明，若出口主要沿着出口深化方向增长将带来收入不稳定、贸易条件恶化甚至有可能出现贫困化增长现象。虽然近年来出口增长结构有所改善，但是，比重仍存在失调状态，不利于中国出口贸易的平稳增长。有鉴于此，对于中国出口持续时间的延长以及出口结构的优化，本节提出以下八个方面的政策性建议以供参考。

第一，传统发达国家市场依然应是出口贸易发展的重点。尽管国际经济危机背景下发达国家外需下降，来自新兴市场或非传统市场的需求分散了部分出口危险，但就贸易关系持续时间来看，发达国家较新兴市场及非传统市场具有显著优势，因此要重点研究发达市场变化动态、积极保持在发达市场上的贸易存在。一方面，出口目的国中发达国家的 GDP 越大，中国出口持续时间将越长，进而促进出口地理广化和出口产品广化；另一方面，出口目的国的 GDP 越大，也将对出口广化产生正的影响。

第二，政府部门应该继续加大对产品创新的投入。例如，将出口退税等优惠政策偏向于技术创新的产品，鼓励技术进步，使产品由模仿到创新、由低成本向差异化转变等，同时加强知识产权保护，杜绝山寨商品的出现，从而降低产品的可替代程度，实现贸易关系的稳定发展。代表出口产品广化程度的出口产品种类之所以阻碍出口持续时间的延长，也同样源于中国出口产品的同质性较严重，可替代性强，因而鼓励产品创新，降低产品的同质性和可替代程度，也就延长了出口持续时间。

第三，基于中间产品虚拟变量对出口地理广化和出口产品广化实现的促进结论，中国应积极推动企业深度参与产品内分工、融入全球生产网络。产品内分工与传统的产品间分工相比，是一种更为细致的分工，也更有利于各国比较优势的发挥，因此，对中国的经济发展具有重要的意义。另外，相比最终产品出口市场的稳定性，中间产品出口市场动态性较强，出口市场网络广泛，其出口也较容易广化，因此，中国目前的重点应是促进企业通过参与产品内分工获得稳定而持续的学习能力，实现产业层次的提升。

第四，基于初始贸易额的研究结果，增强进口方对中国出口商的信任度将扩大初始贸易额，从而有利于维持贸易关系，实现贸易的稳定增长，因此，政府部门可以从国内企业产品质量标准的制定以及产品质量检验等方面加强监管。同时，为了降低国外采购方的搜寻成本，要在办好类似于广交会一样规模大、规范性强的进出口商品现场交易会之外，还要尝试网上交易会的承办。

第五，进一步加强与东盟各国的合作。加快互惠进程，同时争取与其他发达国家建立更多的双边、多边自由贸易区，享受发达国家提供的更自由宽松的贸易环境，这不仅有利于进一步降低贸易成本、推动贸易往来，而且，将更有效地降低交易的不确定性，进而保持贸易关系的稳定性和持久性。

第六，加强各项基础设施的配套建设。无论是中国出口持续时间影响因素的实证分析还是出口广化的影响因素分析，两国之间的地理距离都不同程度地阻碍了出口持续时间的延长或出口广化的实现，因此，应加强各项基础设施的配套建设，从而降低地理距离所带来的可变出口成本。近些年来，中国基础设施建设取得了重大进展，例如，高速公路、高速铁路、机场以及工业港口等等，但是，与一些发达国家相比还有很大的差距，例如，日本、美国等，同时，中国区域之间基础设施建设进展并不平衡，东部、南部建设快，而中西部则比较落后，因此，本阶段东部、南部需继续跟进各项基础设施建设，中西部地区则需要在重视利用现有交通设施的基础上，加强建设与中国沿海省市或者是经济发达地区的交通联网，以此来促进中国的出口广化。

第七，与新市场地理邻近、文化相似以及人均 GDP 差异较小的老市场出口的出口经验显著提高了新市场开拓的概率，可见出口地理广化存在明显的路径依赖，其中，尤其以地理邻近国家的出口经验更为重要。

莫拉莱斯等（Morales et al.，2011）指出，这需要政府有倾向性地积极建立和完善中国与现有出口市场地理相邻近的国家、历史或文化相近以及人均 GDP 差异较小的国家之间的贸易合作关系，以便有效利用出口经验在类似出口市场间的溢出效应来推动出口地理广化。同时，陈勇兵等（2014）提醒，由于沉没成本的共担机制主要体现在相似的出口市场之间，对企业而言，在借鉴出口经验时就要充分考虑出口经验对于新出口市场的适用性，不可不加甄别地将出口经验复制应用至所有出口市场。此外，企业出口的地理广化应尤其注重以往成功的出口经验，当然，也不可忽视失败的出口经验所带来的经验和教训。

第八，与新产品之间邻近度较大的老产品出口经验也显著提高了该产品向同一目的国市场的扩张概率，同理可得，出口产品广化也存在显著的路径依赖。

因此，建议应在每个阶段按照出口目的国标准将现有出口产品进行统计整理，在此基础上，实时地将出口退税等优惠政策偏重于与现有产品邻近度较大的产品出口，这样，将最大限度地利用出口经验在类似产品之间的溢出效应，进而促进出口产品广化。

参考文献

[1] 陈勇兵，李燕和周世民：《中国企业出口持续时间及其决定因素》，《经济研究》2012 年第 7 期。

[2] 陈勇兵，蒋灵多和曹亮：《中国农产品出口持续时间及影响因素分析》，《农业经济问题》2012 年第 11 期。

[3] 陈勇兵，钱意和张相文：《中国进口持续时间及其决定因素》，《统计研究》2013 年第 2 期。

[4] 陈勇兵，王晓伟和谭桑：《出口持续时间会促进新市场开拓吗——来自中国微观产品层面的证据》，《财贸经济》2014 年第 6 期。

[5] 陈勇兵，李梦珊和赵羊等：《出口经验、路径依赖与企业出口的地理广化——来自中国企业层面的证据》，手稿，2014 年。

[6] 戴觅，余淼杰：《企业出口前研发投入，出口及生产率进步——来自中国制造业企业的证据》，《经济学》2011 年第 1 期。

[7] 何树全，张秀霞：《中国对美国农产品出口持续时间研究》，《统计研究》2011 年第 28 卷第 2 期。

[8] 黄先海，周俊子：《中国出口广化中的地理广化，产品广化及其结构优化》，《管理世界》2011 年第 10 期。

[9] 李春顶，尹翔硕：《我国出口企业的"生产率悖论"及其解释》，《财贸经济》2009 年第 11 期。

[10] 李春顶：《中国出口企业是否存在"生产率悖论"基于中国制造业企业数据的检验》，《世界经济》，2010 年第 7 期。

[11] 林常青：《中国对美国出口贸易持续时间及影响因素的研究》，《国际贸易问题》，2014a 年第 1 期。

[12] 林常青，张相文：《中国—东盟自贸区对中国出口持续时间的影响效应研究》，《当代财经》，2014b 年第 7 期。

[13] 林常青：《美国反倾销对中国对美出口持续时间的影响》，《中南财经政法大学学报》，2014c 年第 4 期。

[14] 林常青，张相文．《出口经验会促进出口产品扩张吗？》，《数量经济技术经济研究》，2016 年第 1 期。

[15] 马述忠，郑博文：《中国企业出口行为与生产率关系的历史回溯：2001—2007》，《浙江大学学报》，2010 年第 2 期。

[16] 倪青山，曾帆：《中国进口贸易关系持续时间及其影响因素的经验分析》，《财经理论与实践》，2013 第 2 期。

[17] 钱学锋，熊平：《中国出口增长的二元边际及其因素决定》，《经济研究》，2010 年第 1 期。

[18] 钱学锋，王菊蓉、黄云湖等：《出口与中国工业企业的生产率——自我选择效应还是出口学习效应？》，《数量经济技术经济研究》，2011 年第 2 期。

[19] 邱斌，刘修岩和赵伟：《出口学习抑或自选择：基于中国制造业微观企业的倍差匹配检验》，《世界经济》，2012 年第 4 期。

[20] 綦建红，冯晓洁：《市场相似性，路径依赖与出口市场扩张——基于 2000—2011 年中国海关 HS-6 产品数据的检验》，《南方经济》，2014 第 11 期。

[21] 施炳展：《中国出口中零贸易分布特点及其影响因素：基于新一新贸易理论的实证》，《世界经济文汇》，2010 年第 1 期。

[22] 邵军：《中国出口贸易联系持续期及其影响因素分析》，《管理世界》，2011 第 6 期。

[23] 佟家栋，刘竹青和黄平川：《不同发展阶段出口学习效应比较——来自中国制造业企业的例证》，《经济评论》，2014 年第 3 期。

[24] 涂远芬：《中国企业的自我选择效应与出口学习效应研究—基于制造业与服务业企业层面的比较分析》，《当代财经》，2014 年第 8 期。

[25] 魏浩：《中国对外贸易出口结构存在的问题》，《经济理论与经济管理》，2007 年第 10 期。

[26] 王华，许和连和杨晶晶：《出口、异质性与企业生产率—来自中国企业层面的证据》，《财经研究》，2010 年第 6 期。

[27] 万金，祁春节：《产品空间结构与农产品比较优势动态——基于高

维面板数据的分析与预测》,《国际贸易问题》,2012 年第 9 期。

[28] 余淼杰,李晋:《进口类型、行业差异化程度与企业生产率提升》,《经济研究》,2015 年第 8 期。

[29] 张杰,李勇和刘志彪:《出口促进中国企业生产率提高吗?——来自中国本土制造业企业的经验证据:1999—2003》,《管理世界》,2009 第 12 期。

[30] 赵伟,赵金亮和韩媛媛:《企业出口决策:"被迫"还是"自选择"——浙江与广东的经验比较》,《当代经济科学》2011 年第 1 期。

[31] 周俊子:《中国出口结构优化研究》,浙江大学,2011 年,博士学位论文。

[32] Acs Z. J. , Armington C. and Zhang T. The Determinants of New-firm Survival across Regional Economies: The Role of Human Capital Stock and Knowledge Spillover. Papers in Regional Science, 2007, 86 (3): 367 – 391.

[33] Aitken B. , Hanson G. H. and Harrison A. E. Spillovers, Foreign Investment, and Export Behavior. Journal of International Economics, 1997, 86 (1): 103 – 132.

[34] Albornoz Facundo et al. Sequential Exporting. Journal of International Economics, 2012, 88 (1): 17 – 31.

[35] Álvarez Roberto, Hasan Faruq and Ricardo A. López. Is Previous Exporting Experience Relevant for New Exports? . Central Bank of Chile, 2010, No. 599.

[36] Álvarez Roberto, López R. A. Exporting and Performance: Evidence from Chilean Plants. Canadian Journal of Economics/Revue canadienne d'économique, 2005, 38 (4): 1384 – 1400.

[37] Amendolagine Vito, Rosa Capolupo and Nadia Petragallo. Export Status and Performance in a Panel of Italian Manufacturing Firms. Università degli Studi Bari Dipartomento di Scienze Economiche SERIES Working Paper, 2008, No. 27.

[38] Amiti M. , C. Freund. An Anatomy of China's Trade Growth, Paper presented at the Trade Conference, IMF, 2007.

[39] Amurgo Pacheco A. , M. D. Pierola. Patterns of Export Diversification in Developing Countries: Intensive and Extensive Margins, World Bank Policy Research Working Paper, 2008, No. 4473.

[40] Ando, Mitsuyo and Fukunari Kimura. The Formation of International Production and Distribution Networks in East Asia. International Trade in East Asia, NBER-East Asia Seminar on Economics, Volume 14. University of Chicago Press, 2005.

[41] Antràs Pol. Firms, Contracts, and Trade Structure. National Bureau of Economic Research, 2003, No. w9740.

[42] Antweiler, Werner and Daniel Trefler. Increasing Returns and All that: a View from Trade. American Economic Review, 2002, 92 (1): 93 - 119.

[43] Araujo Luis, Emanuel Ornelas. Trust-Based Trade. Economics Research Group, IBMEC Business School-Rio de Janeiro, 2005, No. 2005 - 08.

[44] Arnold, Jens Matthias and Katrin Hussinger. Export Behavior and Firm Productivity in German Manufacturing: a Firm-Level Analysis. Review of World Economics, 2005, 141 (2): 219 - 243.

[45] Aw B. Y. , Chung S. and Roberts M. Productivity and Turnover in the Export Market: Micro Evidence from Taiwan and South Korea. NBER Working Paper, 1998, No. 6558.

[46] Baier, Scott L. and Jeffrey H. Bergstrand, Do Free Trade Agreements actually Increase Members' International Trade? Journal of International Economics, 2007, 71 (1): 72 - 95.

[47] Baldwin R. E. , P. R. Krugman. Persistent Trade Effects of Large Exchange Rate Shocks, Quarterly Journal of Economics, 1989, 104 (4): 635 - 654.

[48] Baldwin, John R. and Wulong Gu. Export-Market Participation and Productivity Performance in Canadian Manufacturing. Canadian Journal of Economics/Revue canadienne d'économique, 2003, 36 (3): 634 - 657.

[49] Baldwin R. The Europs Trade Effect, European Central Bank, Working

Paper Series, 2006, No. 594.

[50] Baldwin R. , Harrigan J. Zeros, Quality and Space: Trade Theory and Trade Evidence. American Economic Journal: Microeconomics, 2011, 3 (2): 60 – 88.

[51] Bernard Andrew B. , J. Bradford Jensen. Exporters, Jobs, and Wages in US Manufacturing: 1976 – 1987. Brookings Papers on Economic Activity. Microeconomics, 1995: 67 – 119.

[52] Bernard A. B. , J. Eaton, J. B. Jensen and S. Kortum. Plants and Productivity in International Trade, American Economic Review, 2003, 93 (4): 1268 – 1290.

[53] Bernard A. B. , Jensen J. B. Why some Firms Export? . Review of Economics and Statistics, 2004, 86 (2): 561 – 569.

[54] Bernard A. B. , Jensen J. B. , Redding S. J. and Schott P. K. The Margins of US Trade. The American Economic Review, 2009, 99 (2): 487 – 493.

[55] Besedeš T. , Prusa T. J. Ins, Outs, and the Duration of Trade, Canadian Journal of Economics, 2006, 39 (1): 266 – 295.

[56] Besedeš T. , Prusa T. J. Product Differentiation and Duration of US Import Trade. Journal of International Economics, 2006, 70 (2): 329 – 358.

[57] Besedes T. , T. Prusa. The Role of Extensive and Intensive Margins and Export Growth, NBER Working Paper Series, 2007, No. 13628.

[58] Besedeš T. A Search Cost Perspective on Formation and Duration Trade, Review of International Economics, 2008, 16 (5): 835 – 849.

[59] Besedeš T. , Nair-Reichert U. Firm Heterogeneity, Trade Liberalization, and Duration of Trade and Production: The case of India, 2009.

[60] Besedeš T. , Blyde J. What Drives Export Survival? An Analysis of Export Duration in Latin America. Inter-American Development Bank, mimeo, 2010.

[61] Besedeš T. The Role of NAFTA and Returns to Scale in Export Duration. CESifo Economic Studies, 2013, 59 (2): 306 – 336.

[62] Besedeš T. , Prusa T. J. Antidumping and the Death of Trade. NBER Working Paper, 2013, No. 19555.

[63] Blonigen Bruce A. Evolving Discretionary Practices of U. S. Antidum-ping Activity. Canadian Journal of Economics, 2006, 39 (3): 874 –900.

[64] Bojnec, Štefan and Imre Fertö. Does EU Enlargement Increase Agro-Food Export Duration? . The World Economy, 2012, 35 (5): 609 –631.

[65] Borchert Ingo. Preferential Trade, Sunk Costs, and the Path-Dependent Expansion of Exports. Department of Economics Working Paper, University of St. Gallen, Switzerland, 2007.

[66] Bown Chad P. , Meredith A. Crowley. Trade Detction and Trade Depression, Journal of International Economics, 2007, 72 (1): 176 –201.

[67] Brenton Paul, Christian Saborowski and Erik Von Uexkull. What Explains the Low Survival Rate of Developing Country Export Flows? . Policy Research Working Paper, 2009, No 4951.

[68] Caballero Ricardo J. , Adam Jaffe. How High are the Giants' Shoulders: An Empirical Assessment of Knowledge Spillovers and Creative Destruction in a Model of Economic Growth. National Bureau of Economic Research, 1993, No. 4370.

[69] Cadot O. , Carrère C. and Strauss-Kahn V. Export Diversification: What's Behind the Hump? . Review of Economics and Statistics, 2011, 93 (2): 590 –605.

[70] Cadot O. , Iacovone L. and Pierola M. D. et al. Success and Failure of African Exporters. Journal of Development Economics, 2013, 101: 284 –296.

[71] Carrère C. , Strauss-Kahn V. Export Survival and the Dynamics of Experience. Review of World Economics, 2017, (1): 1 –30.

[72] Castillo J. , Silvente F. R. Export Dynamics and Information Spillovers: Evidence from Spanish Firms. Working Papers in Applied Economics, 2011, No. 1103.

[73] Castagnino Tomás. Export Costs and Geographic Diversification: Does Experience Matter? . Working Paper, Central Bank of Argentina (BCRA), 2010, No. 2011/52.

［74］ Chaney T. The Network Structure of International Trade. The American Economic Review, 2014, 104 (11): 3600 – 3634.

［75］ Chung K. H. , Ryu D. Trade Duration, Informed Trading, and Option Moneyness. International Review of Economics & Finance, 2016, 44 (c): 395 – 411.

［76］ Clerides Sofronis K. , Saul Lach and James R. Tybout. Is Learning by Exporting Important? Micro-Dynamic Evidence from Colombia, Mexico, and Morocco. Quarterly journal of Economics, 1998, 113 (3): 903 – 947.

［77］ Conley T. G. , Udry C. R. Learning about a New Technology: Pineapple in Ghana. The American Economic Review, 2010, 100 (1): 35 – 69.

［78］ Córcoles D. , Díaz-Mora C. and Gandoy R. Export Survival in Global Chains. Working paper in DEFI, 2002, No. 12 – 03.

［79］ David Cox R. Regression models and life tables (with discussion). Journal of the Royal Statistical Society, 1972, 34: 187 – 220.

［80］ Damijan Jože P. , Sašo Polanec and Janez Prašnikar. Self-selection, Export Market Heterogeneity and Productivity Improvements: Firm Level Evidence from Slovenia. LICOS Discussion paper, 2004, No. 148.

［81］ Defever F. , Heid B. and Larch M. Spatial Exporters. Journal of International Economics, 2015, 95 (1): 145 – 156.

［82］ De Loecker J. Do Exports Generate Higher Productivity? Evidence from Slovenia. Journal of International Economics, 2007, 73 (1): 69 – 98.

［83］ De Waldemar, Felipe Starosta and Sandra Poncet. Product Relatedness and Firm Exports in China. The world bank economic review, 2013.

［84］ Dixit Avinash K. , Joseph E. Stiglitz. Monopolistic Competition and Optimum Product Diversity. The American Economic Review, 1977, 67 (3): 297 – 308.

［85］ Eaton Jonathan et al. The Margins of Entry into Export Markets: Evidence from Colombia, 2007.

［86］ Eaton J. , Kortum S. and Kramarz F. An Anatomy of International Trade: Evidence from French Firms. Econometrica, 2011, 79 (5): 1453 – 1498.

［87］ Esteve-P'erez S. , Requena-Silvente and V. Pallardo-L'opez. The Duration of Firm-destination Export Relationships: Evidence from Spain, 1997 – 2006. Economic Inquiry, 2013, 51 (1): 159 – 180.

[88] Evenson Robert E. , Larry Westphal. Technological Change and Technological Strategy. Handbook of Development Economics, 1995, 3 (1): 2209 – 2299.

[89] Fabling R. , Grimes A. and Sanderson L. Whatever Next? Export Market Choices of New Zealand Firms. Papers in Regional Science, 2012, 91 (1): 137 – 159.

[90] Felbermayr G. J. , Kohler W. Exploring the Intensive and Extensive Margins of World Trade. Review of World Economics, 2006, 142 (4): 642 – 674.

[91] Fernandes Ana M. , Alberto Isgut. Learning-by-Exporting Effects: Are They for Real? SSRN Working Paper, 2007, No. 982231.

[92] Fernandes A. P. , Tang H. Learning to Export from Neighbors. Journal of International Economics, 2014, 94 (1): 67 – 84.

[93] Fiorner Paul M. Increasing Returns and Long-Flun Growth. The Journal of Political Economy, 1986, 94 (5): 1002 – 1037.

[94] Fugazza M. The Determinants of Trade Survival. HEID Working Paper, 2011, No. 05.

[95] Gereffi Gary, John Humphrey and Timothy Sturgeon. The Governance of Global Value Chains. Review of international political economy, 2005, 12 (1): 78 – 104.

[96] Görg H. , Kneller R. and Muraközy B. What Makes a Successful Exporter?. CEPR Discussion Paper, 2008, No. 6614.

[97] Ghemawat Pankaj, A. Michael Spence. Learning Curve Spillovers and Market Performance. The Quarterly Journal of Economics, 1985, 100 (5): 839 – 852.

[98] Greenaway David, Richard Kneller. Exporting and Productivity in the United Kingdom. Oxford Review of Economic Policy, 2004, 20 (3): 358 – 371.

[99] Greenaway David, Richard Kneller. Industry Differences in the Effect of Export Market Entry: Learning by Exporting? . Review of World Eco-

nomics, 2007, 143 (3): 416-432.

[100] Grossman Gene M. , Elhanan Helpman. Trade, Knowledge Spillovers, and Growth. European Economic Review, 1991, 35 (2): 517-526.

[101] Hahn Chin Hee, Chang-Gyun Park. Learning-by-exporting and Plant Characteristics: Evidence from Korean Plant-level Data. Korea and World Economy, 2010, 11 (3): 459-492.

[102] Hausmann R. , Rodrik D. Economic Development as Self-discovery. Journal of Development Economics, 2003, 72 (2): 603-633.

[103] Hausmann Ricardo, Bailey Klinger. The Structure of the Product Space and the Evolution of Comparative Advantage. CID Working Paper, 2007, No. 146.

[104] Helpman E. , Melitz M. and Rubinstein Y. Estimating Trade Flows: Trading Partners and Trading Volumes. The Quarterly Journal of Economics, 2008, 123 (2): 441-487.

[105] Hess W. , Persson M. The Duration of Trade Revisited: Continuous-Time vs. Discrete-Time Hazards. IFN Working Paper, 2010, No. 829.

[106] Hess W. , Persson M. Exploring the Duration of EU Imports. IFN Working Paper, 2010, No. 849.

[107] Hess W. , Persson M. Exploring the Long-Term Evolution of Trade Survival. IFN Working Paper, 2011, No. 880.

[108] Hidalgo César A. et al. The Product Space Conditions the Development of Nations. Science, 2007, 317 (5837): 482-487.

[109] Holmes, A. Hunt and I. Stone, An Analysis of New Firm Survival Using a Hazard Function. Applied Economics, 2010, 42 (2): 185-195.

[110] Hopenhayn Hugo A. Entry, Exit, and Firm Dynamics in Long Run Equilibrium. Econometrica, 1992, 60 (5): 1127-1150.

[111] Hummels D. , P. Klenow. The Variety and Quality of a Nation's Exports, American Economic Review, 2005, 95 (3): 704-723.

[112] Iacovone L. , Javorcik B. S. Multi-Product Exporters: Product Churning, Uncertainty and Export Discoveries. The Economic Journal, 2010, 120 (544): 481-499.

[113] Inui T. , Ito K. and Miyakawa D. Export Experience, Product Differentiation and Firm Survival in Export Markets. The Japanese Economic Review, 2016, (3): 1 - 15.

[114] Isgut A. What's Different about Exporters? Evidence from Colombian Manufacturing. Journal of Development Studies, 2001, 37 (5): 57 - 82.

[115] Jaffe A. M. Technological Opportunity and Spillovers of R&D: Evidence from Firms' Patents, Profits, and Market Value. The American Economic Review, 1986, 76 (5): 984 - 1001.

[116] Kang Kichun. The Choice of Export Destinations and Its Determinants: Evidence from Korean Exports. The Korean Economic Review, 2013, 29 (1): 139 - 160.

[117] Konings Jozef, Hylke Vandenbussche and Linda Springael. Import Diversion under European Antidumping Policy. Journal of Industry, Competition and Trade, 2001, 1 (3): 283 - 299.

[118] Kraaya Aart. Exports and Economic Performance: Evidence from a Panel of Chinese Enterprises. China and its Regions: Economic Growth and Reform in Chinese Provinces, 2002, No. 278.

[119] Krugman Paul. Scale Economies, Product Differentiation, and the Pattern of Trade. The American Economic Review, 1980, 70 (5): 950 - 959.

[120] Lall S. The Technological Structure and Performance of Developing Country Manufactured Exports, 1985 - 1998, Queen Elizabeth House Working Paper, 2000, No. 44.

[121] Lawless Martina. Marginal Distance: Does Export Experience Reduce Firm Trade Costs? . Open Economies Review, 2013, 24 (5): 819 - 841.

[122] Leamer Edward E. Sources of Comparative Advantage: Theory and Evidence. Cambridge MA: The MIT Press, 1984.

[123] Masso J. , Vahter P. Knowledge Transfer from Multinationals through Labour Mobility: Learning from Export Experience. SSRN Working Paper. 2016, No. 2840444.

[124] Maurseth P. B. , Medin H. Market Specific Fixed and Sunk Export Costs: The Impact of Learning and Spillovers. Norwegian Institute of In-

ternational Affairs NUPI Working Paper, 2012, No 803.

[125] Mayneris F. , Poncet S. Chinese Firms' Entry to Export Markets: the Role of Foreign Export Spillovers. The World Bank Economic Review, 2013, 29 (1): 150 – 179.

[126] Messerlin Patrick A. Measuring the Costs of Protection in Europe: European Commercial Policy in the 2000s. Washington, DC: Institute for International Economics. 2001.

[127] Mora J. Export Failure and Its Consequences: Theory and Evidence. University of California, Santa Cruz, 2015.

[128] Morales Eduardo, Gloria Sheu and Andrés Zahler. Gravity and Extended Gravity: Estimating a Structural Model of Export Entry. MPRA Paper, 2011, No. 30311.

[129] M. L. Lahr, E. Dietzenbacher. Input-output Analysis: Frontiers and Extensions, Palgrave, 2001.

[130] Muñoz-Sepúlveda J. A. , Rodríguez D. Geographical and Industrial Spillovers in Entry Decisions across Export Markets. Applied Economics, 2015, 47 (39): 4168 – 4183.

[131] Nitsch V. Die Another Day: Duration in German Import Trade. Review of World Economics, 2009, 145 (1): 133 – 154.

[132] Nguyen D. X. Demand Uncertainty: Exporting Delays and Exporting Failures. Journal of International Economics, 2012, 86 (2): 336 – 344.

[133] Obashi A. Stability of Production Networks in East Asian: Duration and Survival of Trade. Japan and the World Economy, 2010, 22 (1): 21 – 30.

[134] Oh H. M. , Arnett D. B. et al. Export Market Expansion through Indirect Learning: Evidence from Korean Exporters. Journal of Korea Trade, 2016, 20 (4): 318 – 331.

[135] Pakes Ariel, Steven Olley. A Limit Theorem for a Smooth Class of Semiparametric Estimators. Journal of Econometrics, 1995, 65 (1): 295 – 332.

[136] Pär Hansson, Lundin Nan Nan. Exports as an Indicator on or Promoter of Successful Swedish Manufacturing Firms in the 1990s. Review of World Economics, 2004, 140 (3): 415 – 445.

[137] Pierola M. D. Patterns of Export Diversification in Developing Countries: Intensive and Extensive Margins. Economics Section, The Graduate Institute of International Studies, 2007.

[138] Prusa Thomas J. On the Spread and Impact of Antidumping. Canadian Journal of Economics, 2001, 34 (3): 591 - 611.

[139] Ranjan Priya, Jibonayan Raychaudhuri. Self-selection vs Learning: Evidence from Indian Exporting Firms. Indian Growth and Development Review, 2011, 4 (1): 22 - 37.

[140] Rakhman Anna. Three Essays on Export Relationship Duration. The George Washington University, 2010.

[141] Rauch James E. Trade and Search: Social Capital, Sogo Shosha, and Spillovers. National bureau of economic research, 1996, No. w5618.

[142] Rauch J. E. Networks versus Markets in International Trade. Journal of International Economics, 1999, 48: 7 - 35.

[143] Rauch J. E, Watson, J. Starting Small in an Unfamiliar Environment. International Journal of Industrial Organization, 2003, 21 (7): 1021 - 1042.

[144] Rhee Y. W. , Ross-Larson B. and Garry Pursell K. C. E. Man-aging the Entry into World Markets. Baltimore: The Johns Hopkins University Press, 1984.

[145] Roberts M. J. , Tybout J. R. The Decision to Export in Colombia: an Empirical Model of Entry with Sunk Costs. The American Economic Review, 1997, 87 (4): 545 - 564.

[146] Staiger Robert W. , Frank A. Wolak. Measuring Industry Specific Protection: Antidumping in the United States. Brookings Papers on Economic Activity: Microeconomics, 1994: 51 - 118.

[147] Trefler Daniel, The Long and Short of the Canada-U. S. Free Trade Agreement. American Economics Review, 2004, 94 (4): 870 - 895.

[148] Van Biesebroeck Johannes. Exporting Raises Productivity in Sub-Saharan African Manufacturing Firms. Journal of International economics, 2005, 67 (2): 373 - 391.

［149］ Volpe C. , Carballo J. Survival of New Exporters: Does it Matter How They Diversify? Inter-American Development Bank Working Paper, 2009, No. 140.

［150］ Wagner Joachim. Exports and productivity: A Survey of the Evidence from Firm-level Data. The World Economy, 2007, 30 (1): 60－82.

［151］ Wang L. , Zhao Y. Does Experience Facilitate Entry into New Export Destinations?, China &World Economy, 2013, 21 (5): 36－59.

［152］ World Bank. The East Asian Miracle, New York: Oxford University Press, 1993.

［153］ World Bank. World Development Report 1997: the State in a Changing World, New York, Oxford University Press, 1997.

［154］ Yang Yong, Sushanta Mallick. Export Premium, Self-selection and Learning-by-Exporting: Evidence from Chinese Matched Firms. The World Economy, 2010, 33 (10): 1218－1240.

［155］ Zahler A. Essays on Export Dynamics. Cambridge, MA: Harvard University, 2011.

后　记

经过三年的积累和近两年的撰写，这本专著终于得以完成，在此，我想向在专著资料积累和写作过程中曾经给予我莫大帮助和支持的老师、同学、学生、同事、朋友和家人表示真挚的感谢。

首先，要感谢的是我的恩师张相文教授，由衷地感谢张老师在学习中给予的指导和启发，虽然老师一直受病痛折磨，但他却从未放松对我学习的关注和关心，每次来校后给我的专业指导也给我的专著写作提供了思路，尤其是关于热点问题的点拨和分析，使我节约了大量搜集文献和整理文献的时间；在生活中，老师是一位幽默、乐观积极向上并充满正能量的老师，因此，也让我在学术研究中无论多艰难或者遭遇过多少的挫折都能始终保持乐观积极的态度，可这位我最尊敬最爱戴的老师最后还是没有抵抗住重病的折磨于2015年8月23日永远离开了我们，现在每每回忆起老师，老师的音容笑貌犹在眼前，恍如昨日笑谈中。如今逝者已逝，作为学生的我唯有谨遵恩师教诲，不断刻苦努力，在教学和学术专研过程中取得更大的成绩以报答恩师的教育之恩。在此，特向恩师张教授表达我最崇高的敬意和诚挚的感谢，希望天堂不再有病痛。另外，特别感谢中南财经政法大学工商管理学院的陈勇兵教授，是他的专业课让我对贸易持续时间的研究产生了浓厚的兴趣，陈老师对我的小论文、博士论文撰写过程中遇到的问题都耐心地解答，毫无保留地帮我指导研究的趋势以及可以尝试研究的方向，这也使我在此基础上完成了我人生中的第一本专著。不得不提的是中南财经政法大学的钱学锋教授，钱老师是一位德艺双馨的老师，不仅学问做得好，人品也非常出众，对于我的每一次求助，钱老师即使在周末时间也会给予最及时的回复，并且钱老师给过的每一次指导都让我豁然开朗。

其次，感谢博士阶段国际贸易导师组的其他各位导师，他们分别是黄汉民教授、张建民教授、张华容教授、曹亮教授、席艳乐教授，他们对我的专著撰写提出了许多宝贵的意见，感谢他们在我迷茫时的指点迷津！感谢2012级的其他同窗以及2013级的师弟师妹们，感谢他们对我学习和生活上的帮助！感谢湖南工业大学经济与贸易学院的领导和同事，感谢他们在专著写作阶段给予的支持和鼓励！

再次，感谢我的父亲、母亲，是他们不辞辛苦，日夜劳作支持我读完本科、硕士研究生以及博士研究生，也是他们的坚持不懈的鼓励让我的学习生涯终于画上了完美的句号。感谢我的丈夫肖生鹏，是他在我没日没夜在办公室撰写专著期间，解决了所有家庭琐事并承担了照顾孩子教育孩子的义务，也感谢我的孩子呱呱在我的学习期间和撰写专著期间能多次体谅妈妈的不辞而别，并带给我无尽的欢乐。

再其次，感谢我的研究生王丹同学、蒋荟媛同学、贺彬同学、来中山同学在我的专著写作过程中，帮助我搜索数据、整理数据以及最后的校对工作。

在本书的出版过程中，经济科学出版社王柳松编辑对书稿的编辑加工付出了辛勤的劳动，在此表示衷心的感谢。

最后，感谢湖南工业大学出版基金的资助和支持！

林常青于湖南株洲

2017 年 9 月 25 日